#1 AUF SOCIAL MEDIA

Die Social Media Marketing Anleitung
für mehr Reichweite, Kunden und Umsatz
(auf Facebook, Instagram, TikTok & Co.)

Anton Marquardt

#1 AUF SOCIAL MEDIA

Die Social Media Marketing Anleitung für mehr Reichweite, Kunden und Umsatz (auf Facebook, Instagram, TikTok & Co.)

Die Inhalte dieses Werkes wurden mit größter Sorgfalt erstellt und geprüft, unter Ausschluss jeglicher Gewähr für Vollständigkeit und Richtigkeit.

Alle enthaltenen Informationen basieren lediglich auf der eigenen Meinung und persönlichen Erfahrung des Autors. Es wird keine Garantie für den Erfolg mit den im Buch erwähnten Informationen gegeben und für selbstverursachte Schäden und Fehlhandlung des Lesers wird daher keine juristische Haftung seitens des Autors übernommen.

Es wird keine Haftung für die Inhalte externer Webseiten übernommen.

ISBN Taschenbuch: 978-3949604034

1.Auflage 2021

Anton Marquardt wird vertreten durch

Anton Scharton

Saint-Claude-Str. 83/1

72108 Rottenburg

Inhaltsverzeichnis

Vorwort

Du betreibst immer noch kein Social Media oder Online Marketing für dein Angebot oder dein Unternehmen? Dann solltest du deine Prioritäten für die nächsten Wochen überdenken und dich mit dem Thema beschäftigen. Oder hast du dich schon mit dem Thema beschäftigt, allerdings noch nicht den erhofften Erfolg in Form von mehr Umsatz feiern können? Dann hältst du definitiv das richtige Werkzeug in deinen Händen, um das zügig zu ändern!

Ich freue mich, dich als Leser dieses Praxishandbuchs begrüßen zu dürfen. Egal ob als Selbstständiger, Unternehmer oder Mitarbeiter der Marketingabteilung eines Unternehmens: Das Buch beinhaltet alle notwendigen Grundlagen, praktische Beispiele, Anregungen und Ideen sowie jede Menge Tipps, damit du mithilfe von Social Media und Online Marketing spürbar mehr Kunden gewinnst und somit deine Umsätze um das Vielfache steigerst. Und nicht nur das! Du wirst lernen, wie du dir ein System aufbaust, das dir nach dem „Fließband"-Prinzip kontrolliert, skalierbar und automatisiert Kunden bringt.

Wenn du Influencer bist oder dir einfach nur nebenbei ein zweites Standbein mit Social Media aufbauen willst, dann bist du hier ebenfalls genau richtig. Mit den Inhalten dieses Buches wirst du deine Reichweite rasant skalieren können, um daraus konstante monatliche Einnahmen zu generieren.

Neben fundamentalen Konzepten für eine erfolgreiche Vermarktung, zeige ich dir in diesem Buch ebenfalls die folgenden Inhalte:

- » Wie du dich richtig positionierst, damit du dich von deiner Konkurrenz abhebst und deine Nische dominierst.

» Wie du einen verkaufstechnisch optimierten Marketing- und Salesfunnel aufstellst, um damit aus Interessenten loyale Kunden werden zu lassen.

» Wie du mit Hilfe der MN-Methode völlig ohne Kosten und Bekanntheit deine ersten Kunden akquirierst.

» Wie du dir mit Content Marketing eine enorme Reichweite aufbaust und nicht nur kostenlose Inhalte für deine Follower herausgibst, sondern aus deiner Reichweite zahlende Kunden machst.

» Wie du profitable Werbeanzeigen (Ads) für dein Angebot schaltest, um so kontrollierbar dein Umsatz zu skalieren!

» Wie du den Algorithmus jeder Social Media Plattform für deinen Zweck nutzt, um deutlich schneller und einfacher mehr Bekanntheit zu erlangen.

» Welche Social Media Plattformen sich für welchen Einsatzzweck eignen und wie du sie am besten in dein Marketingkonzept integrierst, um mehr Kunden und mehr Umsatz zu generieren.

Diese Aufzählung war nur ein Vorgeschmack auf die weiteren Insider-Tipps und Tricks vom Marketingexperten, die dich in diesem Buch erwarten. Du darfst also gespannt sein!

Deshalb kann ich dir jetzt nur noch zum Kauf dieses Buches gratulieren und dir viel Spaß und Erfolg beim Lesen und Umsetzen der Tipps zu wünschen!

Anton Marquardt

1. Social Media Marketing – der heilige Gral für Unternehmen und Selbständige im 21 Jhdt.

1.1 Social Media Marketing: Erklärung, Zahlen, Daten, Fakten

Hinter Social Media Marketing verbirgt sich das Vermarkten und der Vertrieb von Produkten und Dienstleistungen über sogenannte soziale Medien. Bei sozialen Medien handelt es sich um Online-Plattformen, die das Vernetzen von Nutzern (Personen, Unternehmen, Institutionen usw.) und deren Austausch miteinander ermöglichen. Aufgrund der Vernetzung werden soziale Medien auch als soziale Netzwerke bezeichnet.

Aus Sicht eines Unternehmens oder eines Selbstständigen bieten soziale Medien somit direkten Zugang zu sehr vielen Personen und so auch zu potentiellen Interessenten und Käufern. Und zwar können wir uns auf einem sehr einfachen Weg mit Personen in Kontakt treten, uns mit ihnen austauschen, sie regelmäßig über das Angebot informieren und so auch von diesem überzeugen. Damit das Marketing sich von Anfang an auszahlt, bedarf es natürlich der richten Marketingstrategie. Diese beginnt bei der Auswahl der richtigen sozialen Medien für das Angebot und endet bei der richtigen Kommunikation von Schlüsselfaktoren, damit aus einem Interessenten ein Käufer wird. Damit es allerdings nicht nur bei einem einmaligen Kauf bleibt, sollte es das Ziel sein, ein eigenes „Ökosystem" mithilfe von verschiedenen sozialen Medien zu etablieren. Unter einem solchen „Ökosystem" versteht man eine allgegenwärtige Präsenz und starke emotionale Bindung von relevanten Interessenten und den bestehenden Kunden an ein Unternehmen, sodass diese in regelmäßigen Abständen auf verschiedenen Kanälen und unterschiedliche Art und Weise mit Tipps, Produktvorteilen, Neuigkeiten usw. konfrontiert werden. Für die Interessenten und Kunden besteht somit eine so starke Bindung zu einem Unternehmen, sodass nur dieses für die Lösung eines Problems in Betracht gezogen wird.

Somit liegt die Kunst der erfolgreichen Vermarktung auf Social Media im 21. Jhdt. darin, so viel Interaktion und Kontaktpunkte wie möglich mit potentiellen und bestehenden Kunden zu erschaffen, damit diese nicht anders können, als bei einem Unternehmen zu kaufen. Und wie genau das funktioniert, erfährst du in den weiteren Kapiteln dieses Buches!

1.2 Wofür eignet sich Social Media Marketing?

Social Media eröffnet dir in Bezug aufs Marketing neue Türen. Und zwar ist heutzutage nahezu jeder auf Social Media präsent. Das kannst du für dich, dein Unternehmen und dein Angebot sehr gut nutzen. Dabei kannst du sowohl mit kostenlosen bzw. organischen als auch mit kostenpflichtigen Methoden neue Kunden gewinnen und diese langfristig an dich binden, indem du eine Brand auf Social Media aufbaust. Genauso kannst du Social Media für Marktforschung oder Produktentwicklung nutzen, da du dich direkt mit deiner Zielgruppe austauschen kannst, um neue Einblicke zu gewinnen. Und das alles auf eine sehr bequeme und in der Regel kostengünstige Art und Weise - die vor allem auch planbar und messbar ist! Planbar und messbar Neukunden gewinnen – hört sich an wie eine Goldgrube? Das ist es auch.

1.3 Deshalb solltest du Social Media Marketing so schnell wie möglich nutzen!

Die Anzahl der Social Media Nutzer steigt weltweit. So steigt auch die Anzahl der Unternehmen, die Social Media für Ihr Marketing einsetzen. Kein Wunder.

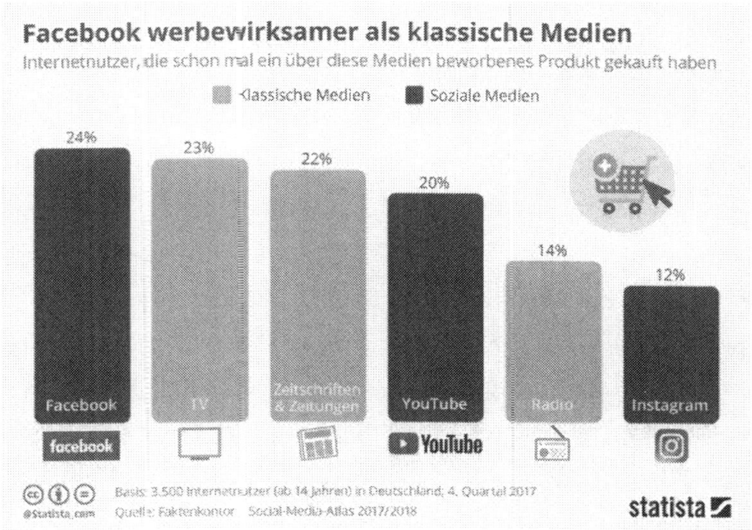

Abbildung 1: ***Werbewirkung Medien*** *(Quelle: Statista)*

Wie Abbildung Nr. 1 darlegt, kauften Personen öfter Produkte, von denen sie auf Facebook gehört haben, als bei anderen Marketingkanälen. Hierbei sei gesagt: die Statistik bezieht sich auf das Jahr 2017. Seitdem ist es nicht falsch anzunehmen, dass sich das Verhältnis noch weiter Richtung sozialer Medien ausgebaut hat. Vor allem die Corona-Krise in 2020 und 2021 hat dem Online-Handel und Online-Marketing einen enormen Schub verliehen, da stationärer Handel weitestgehend geschlossen war.

Außerdem bieten bezahlte Werbemethoden auf Social Media den folgenden enormen Vorteil gegenüber konventionellen

Marketingmethoden: Nachverfolgbarkeit oder auf Englisch „Tracking“. Die Wirksamkeit von Werbemaßnahmen auf Social Media lässt sich nämlich mit den richtigen Werkzeugen problemlos tracken. So kann das Werbebudget besser eingesetzt werden, um so eine hohe Profitabilität von Werbemaßnahmen zu gewährleisten. Dazu aber mehr in einem späteren Kapitel.

Allein deshalb solltest du zügig Social Media Marketing für dein Angebot nutzen. Doch es kommen noch weitere Faktoren hinzu, die dazu führen sollten, dass du nicht mehr lange damit zögerst. Wie bei allem im Leben gilt nämlich auch hier der altbekannte Spruch: „Wer zuerst kommt, mahlt zuerst“. Vor allem wenn es darum geht, durch organische (unbezahlte) Methoden an Reichweite und Bekanntheit für dein Angebot oder dein Unternehmen zu gewinnen, haben es Vorreiter am aller einfachsten. Denn meistens ist noch keine Konkurrenz vorhanden und noch wichtiger: Der Algorithmus einer Plattform ist vor allem am Anfang dafür ausgelegt, dass Nutzer möglichst viele interessante Inhalte sehen, damit die Beliebtheit der Plattform steigt und so immer mehr Nutzer die Plattform nutzen. Je mehr Nutzer und Konkurrenten die Plattform nutzen, desto feiner wählt der Algorithmus die Inhalte aus, die einem Nutzer vorgeschlagen werden. Für uns bedeutet das auf der einen Seite, dass du bei dem Aufkommen einer neuen Plattform frühzeitig dabei sein solltest - vor allem, wenn du allgemein noch recht wenig Bekanntheit auf sozialen Medien besitzt und dir mit wenig Budget eine große Reichweite aufbauen möchtest. Auf der anderen Seite heißt es keineswegs, dass es unmöglich ist, auf bereits etablierten Plattformen an Bekanntheit zu gewinnen. Es erfordert einfach nur mehr Einsatz deinerseits und natürlich die richtigen Methoden und Werkzeuge, die in der Praxis funktionieren. Und diese Methoden findest du in diesem Buch.

Dieses Prinzip gilt nicht nur bei organischen Marketingmethoden auf Social Media, sondern auch bei bezahlten Methoden. Bezahlte Werbemethoden basieren nämlich stets auf dem Gebotsprinzip. Das heißt: Damit deine bezahlte Werbeanzeige ausgestrahlt wird, musst du ein höheres Gebot als deine Konkurrenz abgeben. Und mit steigender Anzahl gewerblicher Nutzer von Social Media steigen dementsprechend auch die Gebotspreise, da es auf der anderen Seite nur eine begrenzte Anzahl von Werbeplätzen gibt. Bei Facebook ist dieses Phänomen am besten zu beobachten, da Facebook zu den beliebtesten Social Media Plattformen gehört. So verdoppeln sich die Gebotspreise in der Regel jedes Jahr. Das heißt: Je später du mit bezahlten Social Media Methoden anfängst, desto teurer wird es. Hier sei aber ebenfalls angemerkt, dass du dir diesbezüglich keine Sorgen machen musst. Der Gebotspreis für eine Anzeige ist nicht das einzige Kriterium, das zum Gewinn der Auktion führt. Die Relevanz deiner Anzeige für die targetierte Zielgruppe ist ein noch sehr viel ausschlaggebenderes Kriterium bei der Werbeplatzvergabe. Soziale Medien sind nämlich danach bestrebt, Nutzern passende Inhalte anzuzeigen, damit diese länger auf der Plattform verweilen. Deshalb ist es umso entscheidender, dein Marketingkonzept messerscharf auf die passende Zielgruppe auszurichten. Wie du das hinbekommst, lernst du ebenfalls in den weiteren Kapiteln dieses Buches.

Somit solltest du insgesamt nicht zu lange zögern, bis du mit Social Media Marketing für dein Unternehmen oder dein Angebot anfängst. Das gilt für organische als auch bezahlte Werbemethoden. Deshalb rate ich dir, die Tipps aus dem Buch direkt Schritt-für-Schritt umzusetzen!

1.4 Algorithmus: Insiderwissen zur Funktionsweise enthüllt

Eventuell ist dir bereits der Begriff „Algorithmus“ im Zusammenhang mit Social Media begegnet. Doch was genau steckt dahinter? Generell kann der Begriff Algorithmus als „eine im Vorfeld festgelegte Handlungsabfolge, die unter Berücksichtigung bestimmter Regeln eine Lösung zu einem gewissen Problem liefert“, definiert werden.

Bezogen auf Social Media verbirgt sich hinter dem Algorithmus nichts anderes als ein Codeschnipsel, der darüber entscheidet, welche Sichtbarkeit die veröffentlichten Beiträge auf einer bestimmten Social Media Plattform erhalten. Dementsprechend ist es für erfolgreiches Social Media Marketing unabdingbar, den Algorithmus von Social Media Plattformen im Detail zu verstehen. Dabei gibt es allerdings keine „Gebrauchsanweisung“, die einem von Social Media Plattformen vorgelegt wird. Denn in den meisten Fällen handelt es sich um eine Blackbox, die unter Umständen die Entwickler selbst nicht zu hundert Prozent genau verstehen. Zum Glück wird ein 100%-tiges Verständnis über den Algorithmus nicht benötigt, um Erfolg zu haben. Der gesunde Menschenverstand und Erfahrungen bringen hierbei den gewünschten Erfolg. Und die jahrelange Erfahrung bin ich bereit, mit dir zu teilen, sodass du in den folgenden Abschnitten alles Notwendige zum Algorithmus von mir erklärt bekommst.

Wie bereits erwähnt handelt es sich beim Algorithmus um einen Codeschnipsel, der anhand festgelegter Regeln bzw. Kriterien darüber entscheidet, welche Beiträge welchen Nutzern, zu welcher Zeit und in welcher Position angezeigt werden. Nun lass uns erst einmal in die Lage eines Betreibers einer Social Media Plattform hineinversetzen und die folgende rationale Sichtweise betrachten:

Das primäre Ziel der Plattformbetreiber ist es, den eigenen Umsatz der Plattform zu steigern. Der Umsatz wird nahezu ausschließlich aus Werbeeinnahmen von Werbetreibenden generiert. Die Werbetreibenden zahlen in der Regel pro Klick oder pro gewisse Anzahl an Impressionen (also der Anzahl wie oft die Werbeanzeige Personen ausgestrahlt wird). Damit so viele Werbeanzeigen wie möglich ausgestrahlt werden, muss eine Social Media Plattform dafür sorgen, dass Nutzer sich so lange wie möglich auf der Plattform aufhalten. Und dieser Punkt ist entscheidend: Die Plattform ist also primär danach bestrebt, den Nutzen für die Kunden zu erhöhen. Damit der Nutzen aus Kundensicht hoch ist und Nutzer auf der Plattform bleiben, müssen ausschließlich relevante Beiträge für die Nutzer angezeigt werden. Wenn die Beiträge relevant bzw. interessant für Nutzer sind, dann werden sie sich weiter und weiter mit ihnen beschäftigen und auf der Plattform bleiben. Da nicht jeder Nutzer die gleichen Interessen und Bedürfnisse hat, spielt das Sammeln von Daten über die Nutzer für Social Media Plattformen eine zentrale Rolle. Denn nur so kann der Algorithmus höchst relevante Beiträge für Nutzer ausspielen. Wir haben schon festgestellt, dass der Beitrag den Interessen eines Nutzers entsprechen muss. Aber das ist nicht alles. Es müssen zwei weitere Faktoren gegeben sein, damit der Nutzer einen Beitrag als relevant und interessant für sich selbst einstuft. Zu diesen beiden Faktoren zählen die „Unterhaltung" und die „Wissensvermittlung". Nutzer haben nämlich diese zwei Faktoren als die beiden primären Gründe benannt, weshalb sie überhaupt auf Social Media Zeit verbringen. Nun ist es abhängig von dem speziellen Themengebiet, ob es sich hauptsächlich um Unterhaltung oder um Wissensvermittlung handeln soll. Wenn du eine Finanzberatung betriebst, dann sollte deine Social Media Marketing Strategie primär auf Wissensvermittlung im Bereich Finanzen gelegt werden. Wenn du auf der anderen Seite ein Comedian bist, dann sollte dein Social Media Marketing selbstverständlich einen sehr hohen Unterhaltungsfaktor bieten. Allerdings ist es bis auf wenige Ausnahmen (wie im Fall des Comedians) nicht ratsam, sich nur auf einen der beiden Faktoren zu fokussieren, denn es gibt nichts Langweiligeres als einen trockenen Vortrag über Finanzen mit einer design-technisch schlechten Powerpoint-Präsentation. Hier sollte der Unterhaltungsfaktor auf jeden Fall berücksichtigt und eine lockere Atmosphäre geschaffen werden. Wie hoch der Unterhaltungsfaktor am Ende ins Gewicht fällt, hängt explizit von den Interessen und anderen (z. B. demografischen) Faktoren deiner Zielgruppe ab. Eine ältere Zielgruppe erwartet ein seriöseres Auftreten, als eine jüngere Zielgruppe – so viel vorweg. Alle weiteren konkreten Strategien und Tipps findest du in den nächsten Kapiteln dieses Buches.

Nun haben wir eine Seite des Algorithmus behandelt. Was jetzt fehlt, ist die zweite Seite, die die Content Creator bzw. die Werbetreibenden repräsentiert. Sobald ein Beitrag veröffentlicht wird, erfolgt eine thematische Zuordnung durch Text-, Bild- und Videoerkennungssoftware. Im Endeffekt muss der Algorithmus die Interessen der Nutzer mit den Inhalten des Content Creators zusammenbringen. Wenn ein Match vorliegt, dann werden die Inhalte dem Nutzer angezeigt. Somit ist es aus Sicht der Optimierung notwendig, dem Algorithmus die notwendigen und vor allem richtigen Informationen zur Verfügung zu stellen, damit dieser einen sauberen Match zwischen den Nutzerinteressen und den Inhalten schaffen kann.

Diese Zuordnung wird vom Algorithmus laufend überprüft und

selbstständig angepasst. Wenn also auf den ersten Blick die Inhalte mit den Interessen eines Nutzers übereinstimmen, der Nutzer die Beiträge aber nur flüchtig betrachtet oder direkt danach die Plattform verlässt, dann nutzt der Algorithmus diese Information für die selbstständige Optimierung.

Nun haben wir die allgemeine Funktionsweise des Algorithmus behandelt und Verständnis dafür geschaffen. Der nächste Schritt wäre, dieses Wissen auf jede Plattform zu übertragen und plattformspezifische Algorithmusmerkmale abzuleiten. Genau das betrachten wir zu einem späteren Zeitpunkt bei jeder Plattform.

Lass uns an dieser Stelle noch auf die Faktoren blicken, die allgemein entscheidend für eine hohe Relevanz und somit Sichtbarkeit der Beiträge sind. Diese können in zwei Gruppen unterteilt werden: durch uns beeinflussbar und durch uns nicht beeinflussbar.

Beeinflussbare Faktoren:

- ✓ **Aktualität** des Beitrags: Aktuelle Beiträge werden den Nutzern in der Regel weiter oben als alte Beiträge angezeigt. Deshalb solltest du darauf achten, dass du regelmäßig neue Beiträge veröffentlichst.
- ✓ Thematische Übereinstimmung des Beitrags mit den überwiegenden **Interessen** des Nutzers: Du solltest deine Zielgruppe und deren Interesse kennen. Je besser du die Beiträge somit auf Nutzer aus deiner Zielgruppe zuschneidest, desto mehr Sichtbarkeit wirst du erhalten. Und nicht nur das: Je gründlicher du deine Zielgruppe kennst, desto einfacher wirst du der Zielgruppe auch dein Angebot verkaufen

können.

- ✓ **Historische Interaktion eines** bestimmten **Nutzers** mit den Beiträgen: Wenn ein Nutzer vorherige Beiträge geliked oder auf eine andere Weise mit den Beiträgen interagiert hat, dann werden ihm in Zukunft weitere Beiträge dieser Art angezeigt. Deshalb solltest du sicherstellen, dass du durch einen Call-to-Action (=CTA // Handlungsaufruf) die Nutzer dazu bewegst, mit deinen Beiträgen zu interagieren.
- ✓ **Historische Interaktion aller Nutzer** mit den Beiträgen: Je mehr Nutzer mit deinen Beiträgen interagieren, desto mehr Sichtbarkeit werden zukünftige Beiträge auch bei anderen Nutzern erhalten. Deshalb sorge dafür, dass deine Mitarbeiter oder Kooperationspartner deine Beiträge fleißig liken und kommentieren.

Nicht beeinflussbare Faktoren:

- ✓ **Nutzungsdauer** der Plattform durch einen User: Wenn ein Nutzer nur wenige Minuten online ist, dann ist die Wahrscheinlichkeit dementsprechend gering, dass er alle aktuellen Beiträge ansieht. Außer Du kriegst es hin, den Nutzer an deine Inhalte zu binden. Mehrwert für die Zielgruppe zu liefern, ist hier das passende Stichwort.
- ✓ **Nutzungsfrequenz** der Plattform durch einen User: Wenn ein Nutzer nur einmal im Monat eine Plattform aufruft, ist die Wahrscheinlichkeit geringer, dass er mit deinen Beiträgen konfrontiert wird.
- ✓ **Anzahl der abonnierten Seiten** eines Nutzers: Je mehr

Seiten ein Nutzer abonniert hat, desto geringer ist die Wahrscheinlichkeit, dass dein Beitrag weiter oben im Feed des Nutzers erscheint.

1.5 Diese Begriffe und Kennzahlen solltest du kennen, um Erfolg auf Social Media zu haben

Durch Social Media haben sich einige neue (englische) Begriffe und Kennzahlen im Marketing etabliert. Diese solltest du dir hinter die Ohren schreiben, da sie dir bei der Nutzung von Social Media täglich begegnen werden. Da einige Begriffe nicht einheitlich auf allen Social Media Plattformen verwendet werden, haben wir dir bei jedem Begriff die geläufigsten Bezeichnungen aufgeführt. Zudem fokussieren wir uns auf die wirklich relevanten Begriffe bzw. Kennzahlen.

Freunde / Abonnenten / Follower

Unter Freunden/ Abonnenten / Followern verbergen sich Nutzer, die deinem Profil folgen und denen deine Beiträge in der Regel organisch angezeigt werden. Damit ein Nutzer zu deinem Follower wird, muss dieser aktiv auf dein Profil stoßen und es abonnieren, bevor er unter diese Kategorie fällt.

Reichweite / erreichte Personen

Bei der Reichweite handelt es sich um die Anzahl der Nutzer, die deinen Beitrag gesehen haben (Reichweite eines Beitrags) bzw.

möglicherweise sehen werden (Reichweite deines Profils).

Reichweite kann weiter in organische und bezahlte Reichweite unterteilt werden. Bei der organischen Reichweite handelt es sich um die mit verfügbarer Anzahl von Nutzern ohne kostenpflichtige Methoden, die du mit deinen Beiträgen erreichen kannst. Bei der bezahlten Reichweite handelt es sich dementsprechend um Reichweite, die du dir kostenpflichtig verschaffen kannst.

Impressionen

Die Anzahl der Impressionen sagt aus, wie oft der Beitrag insgesamt angesehen wird bzw. wurde. Das heißt, wenn 1.000 Nutzer einen Beitrag 3-mal gesehen haben, dann beläuft sich die Anzahl der Impressionen auf 3.000. Du könntest dich jetzt fragen: welchen Vorteil bringt es, wenn eine Person mehrmals in der Statistik berücksichtigt wird? Im Marketing geht man davon aus, dass eine Person bis zu 8 Kontakte benötigen kann, bis sie mit der Werbung interagiert. Deshalb ist nicht nur entscheidend, wie viele Personen erreicht werden, sondern wie oft der Beitrag bzw. die Anzeige insgesamt gesehen wird. Zusätzlich kannst du über dieses Kriterium wiederum auf die Relevanzeinstufung deines Beitrags vom Algorithmus schließen. Je relevanter der Beitrag, desto öfter wird er einem Nutzer vom Algorithmus angezeigt.

Interaktionen

Unter der Kennzahl "Interaktion“ werden alle Handlungen des Nutzers zusammengefasst, die er bei einem Beitrag ausführen kann:

- ✓ Likes

- ✓ Kommentare
- ✓ Teilen
- ✓ Und weitere plattformspezifische Interaktionsmöglichkeiten

Die ersten drei sind die wichtigsten und bei jeder Plattform für die Interaktion verfügbar. Ein wichtiges Unterscheidungskriterium der Interaktionsmöglichkeiten stellt das Engagement dar. Unter Engagement versteht man, wie viel Zeit und Energie ein Nutzer bereit ist, bei einem Beitrag einzusetzen. Dementsprechend stellt ein hohes Engagement eines Nutzers einen wichtigen Faktor für den Algorithmus dar, um die Relevanz eines Beitrags zu bewerten. Wie sich das Engagement bei den unterschiedlichen Interaktionsmöglichkeiten unterscheidet, behandeln wir auf den folgenden Seiten.

Likes

Likes sind ein Parameter, der anzeigt, wie viele Nutzer den Like-Button gedrückt haben, weil ihnen dein Beitrag gefällt. Likes stellen die einfachste Möglichkeit für einen Nutzer dar, um mit Beiträgen zu interagieren. Je mehr Likes ein Beitrag erhält, umso populärer und relevanter wird dieser durch den Algorithmus eingestuft. Deshalb solltest du die Nutzer stets durch einen sogenannten „Call-to-Action“ darauf aufmerksam machen, deine Beiträge zu liken. Allerdings werden Likes als schwächstes Kriterium für die Einstufung der Relevanz herangezogen, da das Engagement eines Nutzers bei der Vergabe eines Likes (im Vergleich zu den anderen Interaktionsmöglichkeiten) gering ist.

Kommentare

Kommentare dienen zur gegenseitigen Interaktion zwischen Nutzern und dem Beitragsverfasser unter einem Beitrag. Je höher die Anzahl der Kommentare, desto höher ist somit die Interaktion deiner Follower und anderer Nutzer mit deinem Inhalt. Deshalb versuche stets, eine Diskussion bzw. einen Dialog zu entfachen. Der einfachste Weg dabei ist, eine offene Frage in deinem Beitrag zu stellen und danach persönlich mit den Nutzern in den Kommentaren zu interagieren und eine Konversation zu starten. Je länger und ausführlicher desto besser! Und versuche, die Konversation so lange wie möglich in die Länge zu ziehen. Wenn dein Beitrag nämlich täglich kommentiert wird, dann wird er ebenfalls mehreren Personen und auch mehrfach an verschiedenen Tagen angezeigt. Dabei werden mehrere Kommentare eines Nutzers ebenfalls mehrfach vom Algorithmus bewertet.

Zudem erfordert das Verfassen eines Kommentars ein höheres Engagement als bei einem Like. Aus diesem Grund werden Kommentare bei der Relevanzberechnung stärker einbezogen als Likes. Außerdem ist wichtig zu wissen, dass die Länge eines Kommentars ebenfalls entscheidend für die Engagementeinschätzung ist. Je länger ein Kommentar ist, desto schwerer fällt er ins Gewicht.

Teilen

Beim Teilen handelt es sich um eine Interaktion bei der ein Nutzer den Beitrag entweder per Chat an andere Nutzer versendet oder den Beitrag öffentlich in seinem Profil postet. Teilen ist die Interaktion mit dem höchsten Engagementfaktor. Deshalb solltest du

Nutzer möglichst oft daran erinnern und dazu auffordern, den Beitrag mit anderen zu teilen. So werden ebenfalls weitere Nutzer auf den Beitrag und auch auf dein Profil aufmerksam. Du kannst für das Teilen auch Anreize wie z. B. einen Gewinn oder eine andere Gegenleistung steigern.

2. Diese Marketingstrategien bringen dir auf Social Media nachhaltig mehr Neukunden und mehr Umsatz

Bevor wir uns auf Social Media Marketing fokussieren, sollten wir zunächst die Marketinggrundlagen verstehen und meistern. Denn unabhängig ob Offline oder Online Marketing: die Grundlagen sind immer identisch. Deshalb hast du, wenn du die Grundlagen meisterst, das Fundament für ein erfolgreiches Social Media Marketing bereits gelegt.

2.1 Wieso Positionierung das A&O ist und wie du es richtig umsetzt

Wer ist deine Zielgruppe?

Nichts ist wichtiger für ein erfolgreiches Marketingkonzept als die Kenntnisse über die Zielgruppe, an die sich das Angebot richtet. Denn mit unserem Marketingvorhaben wollen wir nichts anderes als dem richtigen Zielkunden zur richtigen Zeit und am richtigen Ort glasklar die richtige Message zu kommunizieren, damit dieser sich für unser Angebot entscheidet. Deshalb erstelle mehrere Kundenavatare und versuche, so viele Details wie möglich über deinen Zielkunden bzw. deinen Wunschkunden herauszufinden und zu notieren. Diese Avatare werden dir ebenfalls später bei bezahlten Werbeanzeigen das Leben deutlich erleichtern, denn auf Social Media kannst du sehr detailliert deinen Wunschkunden targetieren. Mach dir deshalb diese Mühe und es wird sich definitiv auszahlen.

Sprich die Sprache deiner Kunden

Ein ganz banales Beispiel, um zu verstehen, was ich meine: Wenn du in Deutschland deine Werbung in der chinesischen Sprache schaltest, dann werden sich vermutlich nahezu keine Nutzer angesprochen fühlen, denn sie werden ganz einfach nicht verstehen, worum es geht. Anders wird es sein, wenn du die gleiche Werbeanzeige in China ausstrahlst. Jetzt spielt aber nicht nur die Landessprache eine Rolle, sondern alle Merkmale unserer Marketingkommunikation.

Zum Beispiel

- Jugendliche unterhalten sich anders als ältere Personen.
- Menschen haben verschiedene Interessen/Sichtweisen auf das Leben/ Probleme/ Wünsche usw.

Je besser du die Sprache deiner Marketingkommunikation an deine Zielgruppe ausrichtest, desto eher fühlt sich deine Zielgruppe angesprochen und ist bereit, dein Angebot zu erwerben.

Welche Probleme löst du mit deinem Angebot?

Um bei einem Interessenten ein Kaufbedürfnis auszulösen, musst du seinen Schmerz bzw. seine Probleme bei einem speziellen Thema ansprechen. Am Ende des Tages geht es nämlich darum, Probleme zu lösen. Und deshalb solltest du transparent kommunizieren, welche Probleme du bzw. dein Angebot lösen werden.

Welche Nische besetzt du?

Klar kannst du auch ein Generalist sein, allerdings empfehle ich stets, sich auf eine konkrete Nische (vegane Ernährung) bzw. unter Umständen auf einige Nischen, die thematisch nicht weit auseinanderliegen (z. B. Gesundheit und vegane Ernährung) zu fokussieren. Je spitzer du positioniert bist, desto leichter wirst du eine Message an deine Zielgruppe kommunizieren können. Dabei solltest du wissen, dass deine Nischenpositionierung sich mit der Zeit ändern kann. Diese ist nämlich maßgeblich davon getrieben, wie sich Trends entwickeln bzw. deine Konkurrenz sich weiterentwickelt.

Eine spitze Nischenpositionierung wird dir zudem erlauben, höhere Preise bei einer geringeren Konkurrenz abzurufen. Schauen wir uns folgendes Beispiel an:

Ein Interessent benötigt eine rechtliche Beratung im Bereich des Arbeitsrechts. Nun hat er zwei Anwälte zur Auswahl:

a. Einen Rechtsanwalt für alle Rechtsfragen (=Generalist)

b. Einen Rechtsanwalt, der sich ausschließlich mit dem Arbeitsrecht beschäftigt.

Was denkst du, für welchen Rechtsanwalt sich der Kunde entscheiden wird? Und was denkst du, welcher Anwalt einen höheren Preis abrufen kann?

Ich denke es ist offensichtlich: Bei beiden trifft b) zu. Klar ist aber jedoch, dass Rechtsanwalt b) eine geringere Zielgruppe anspricht. Deshalb solltest du, bevor du dich positionierst, eine tiefgründige Nischenanalyse mit einer potentiellen Nachfrage (aktuell sowie zukünftig) und dem vorhandenen Wettbewerb durchführen.

Was ist dein Angebot?

Dein Angebot sollte auf die Probleme deiner Zielgruppe abgestimmt sein. Diese Abstimmung solltest du am besten durch einen direkten Austausch mit vorhandenen bzw. potentiellen Kunden durchführen. Versuche, in der Kommunikation deines Angebots immer Storytelling zu betreiben. Denn Menschen kaufen Emotionen und ein positives Gefühl – keine trockenen Fakten.

Wer sind deine Konkurrenten?

Genauso wichtig ist es, nicht nur dein eigenes Angebot im Detail zu kennen, sondern auch das Angebot deiner Konkurrenten zu studieren. Neben dem Angebot solltest du auch das Marketing- und Vertriebskonzept deines Kunden studieren und mögliche Verbesserungspotentiale identifizieren, die du ausnutzen solltest. Das hilft dir ebenfalls dabei, dich richtig zu positionieren und deinen USP (Unique Selling Point) herauszuarbeiten.

Was ist dein USP?

Unter einem USP versteht man den „Unique Selling Point“ - also die Unterscheidungsmerkmale zu deiner Konkurrenz, die dem Kunden einen großen Mehrwert liefern. Es muss nicht nur ein USP sein, sondern können auch mehrere sein. Diese USPs solltest du ebenfalls an deinen Kunden kommunizieren, damit dieser sich leichter für dich und nicht für deinen Konkurrenten entscheiden kann.

Meine Empfehlung an dich

Bevor du damit voranschreitest, weitere Kapitel dieses Buches zu lesen, möchte ich, dass du dir zu den in diesem Kapitel genannten Punkten zur Positionierung ausführlich Gedanken machst. Denn diese Punkte bilden das Fundament für dein Marketing. Wenn das Fundament nicht stimmt, dann wird dein gesamtes Marketingkonzept keine Früchte tragen. Stell dir das wie bei einem Hausbau vor. Das Fundament ist das, was das Haus über viele Jahre hinweg vor allen Umwelteinflüssen bewahren wird. Ist das Fundament nicht richtig gelegt, wird das Haus früher oder später einstürzen.

Eine erfolgreiche Positionierung wird sich sowohl beim organischen Wachstum als auch bei deinen bezahlten Werbeanzeigen auszahlen. So gibst du dem Algorithmus nämlich die notwendigen Informationen, damit sich dieser selbstständig optimieren kann. Und bei bezahlten Werbeanzeigen wirst du deutlich spüren, dass sobald du dich richtig positionierst, die Profitabilität sichtbar steigen wird.

2.2 So sollte dein Marketing-Funnel aussehen, damit du loyale Neukunden wie am Fließband gewinnst

Was genau ist ein Marketing-Funnel?

Übersetzt bedeutet „Marketing-Funnel“: Marketing-Trichter. Bei diesem Trichter durchläuft ein Interessent einen gewünschten Marketing- und Verkaufsprozess, damit er als Interessent später zu einem zahlenden und loyalen Kunden wird. Um so viele Interessenten und vor allem die passenden Interessenten zu Kunden umzuwandeln, benötigst du einen Marketing-Funnel, der von A bis Z durchdacht ist.

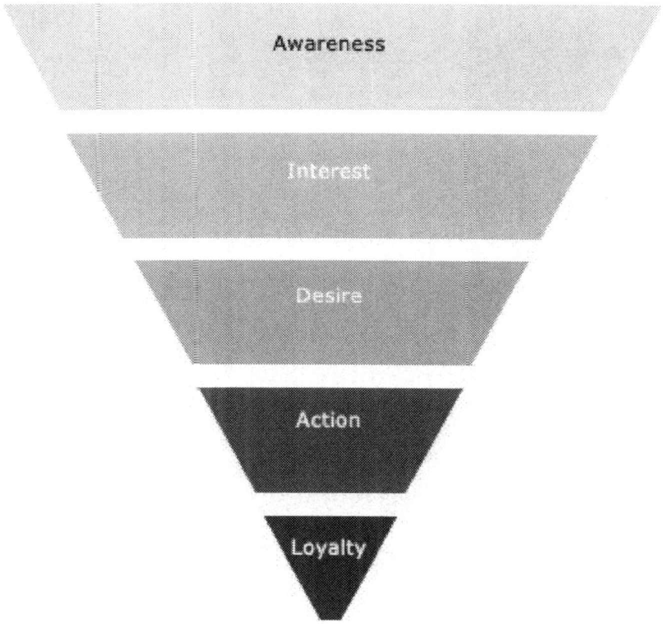

Abbildung 2: ***Marketing-Funnel***

Marketing-Funnel

Betrachten wir zunächst den Trichter an sich. Oben ist der Trichter ziemlich breit und wird nach unten hin immer enger.

Am Anfang jedes Marketing-Funnels herrscht beim Interessenten noch kein Bewusstsein zu deinem Unternehmen oder zu deinem Angebot vor. Der Interessent kommt also zum ersten Mal mit deinem Unternehmen bzw. deinem Angebot in Kontakt. Sein

Wissensstand bzgl. der Vorteile des Produktes ist bei 0. Die Unsicherheit bzgl. des Produkts oder des Unternehmens ist noch ziemlich hoch. An diesem Punkt wäre der Großteil der Interessenten noch nicht bereit, einen Kauf abzuschließen. Aus diesem Grund muss der Kunde einen Marketing- und Verkaufsprozess durchlaufen, um dem Kauf mit vollster Sicherheit und vollem Verständnis zuzustimmen. Am Ende des Trichters wird der Interessent zum Kunden, der im besten Fall eine lange Customer-Journey mit dem Unternehmen durchlebt. Es ist zudem ganz normal, dass bei jeder weiteren Stufe des Trichters, immer weniger Interessenten für einen Kauf vorhanden sind. Zum einen holst du dir durch einen breiten Trichter Interessenten, die wahrscheinlich nicht zu 100% das Problem haben, das durch das Produkt oder die Dienstleistung gelöst wird. Zum anderen willst du unter Umständen auch nicht mit jedem potentiellen Kunden zusammenarbeiten. Im besten Fall holst du dir nur Kunden ins Boot, die dir wenig Ärger verursachen werden. Hier gilt, wie übrigens bei jeder unternehmerischen Tätigkeit, das Pareto 80/20 Prinzip. Wenn es sich vor allem um eine Dienstleistung als Produkt handelt, solltest du darauf achten, nicht um jeden Preis jedem die Dienstleistung zu verkaufen. Es ist nämlich deine Zeit, die du in den Kunden und deren Ergebnis investierst. Deshalb solltest du stark filtern.

Jeder Marketing-Funnel funktioniert nach einem ähnlichen Prinzip. Man möchte den Kunden mit jedem Schritt so vertraut wie möglich mit das Angebot machen, damit dieser einen Kauf abschließt. Um den Prozess einfacher zu verstehen, eignet sich die **AIDA(L) – Formel**.

A für Awareness

Die erste Stufe eines Marketing-Funnels beginnt mit der Erzeugung von Bewusstsein beim potentiellen Kunden für dein Unternehmen und dein Angebot. In anderen Worten: Du und dein Angebot müssen sichtbar werden. Wenn dich keiner kennt – wie willst du dann neue Kunden generieren? Diese Frage ist berechtigt, oder? Doch sehr viele Unternehmen, vor allem in Deutschland, begehen den Fehler und vernachlässigen Ihre Marketingaufwendungen. Das Motto lautet: „Das Produkt ist sehr gut – dafür müssen wir keine Werbung schalten. Die Kunden werden von alleine kommen.“ Und das ist der Grund, warum viele Unternehmen, vor allem im digitalen Zeitalter, immer mehr in Vergessenheit geraten, bis sie irgendwann komplett von der Bildfläche verschwinden werden.

I für Interest

Nachdem du im ersten Schritt Sichtbarkeit erlangt hast, musst du das Interesse beim Interessenten für dein Produkt und dein Unternehmen wecken. Dieser Schritt besteht vor allem aus der glasklaren Kommunikation des Problems, das du lösen möchtest und eine verkaufstechnisch attraktive Präsentation deines Angebotes und deines Unternehmens. Passen beide Punkte, wird das Interesse des Kunden geweckt, sodass er sich für den nächsten Schritt entscheidet.

Dieser Schritt beginnt beim passenden Beitrag und dem Beitragstext. Wenn du hierbei Interesse wecken kannst, wird der Interessent der Anweisung folgen und sich weiter über das Angebot informieren wollen.

D für Desire

Nachdem das Interesse geweckt wurde, muss ein Verlangen beim Interessenten erzeugt werden, damit dieser überzeugt ist, dass dein Produkt und dein Unternehmen die richtige Wahl für die Lösung seines Problems sind. Hier müssen dem Kunden die richtigen Informationen in der richtigen Reihenfolge vorgelegt werden, damit er alle seine bestehenden Unsicherheiten beseitigen kann.

Das kann eine Landingpage sein, die dein Angebot und dein Unternehmen präsentiert und dem Kunden die Möglichkeit für eine kostenlose Beratung anbietet.

Ein anderes Beispiel wäre die Durchführung eines Webinars. Das eignet sich vor allem bei erklärungsbedürftigen Produkten.

Wenn du einen Onlineshop betreibst, dann kannst du direkt das Produkt in deinem Onlineshop verlinken, das du in deinem Beitrag bewirbst.

Die zweite und dritte Phase (Interest und Desire) können je nach Kunden unterschiedlich lang ausfallen.

Wichtig hier festzuhalten ist: Nicht jeder Interessent wird von heute auf morgen dein Produkt kaufen wollen. Wie schnell du einen Interessenten zu einem zahlenden Kunden machen kannst, hängt von direkten und indirekten Faktoren ab.

Direkte Faktoren sind von dir als Marketingbetreiber beeinflussbar. Indirekte Faktoren kannst du nicht beeinflussen.

Zu den **direkten Faktoren** zählen:

- ✓ Die Professionalität und Seriosität deines Online-Auftritts.
- ✓ Eine für den Kunden verständliche Kommunikation der

wesentlichen Inhalte (vor allem des Problems, das du lösen willst und wie du das Problem mit deinem Angebot lösen kannst).

- ✓ Verkaufstechnisch abgestimmte Präsentation der Inhalte. (z. B. sollte die Präsentation Emotionen auslösen, dem Kunden eine Geschichte verkaufen, Knappheit und „Zeitdruck“ auslösen.)
- ✓ Social Proof aufweisen. Dafür eignen sich am besten positive Rezensionen von zufriedenen Kunden, Case Studies oder Testimonial-Vorstellungen.

Zu den **indirekten Faktoren** zählen:

- ✓ Die Kaufschwelle des Kunden. Bei manchen Menschen ist die Kaufschwelle sehr gering. Sie kaufen auch, wenn ihre Unsicherheiten noch nicht beseitigt sind. Auf der anderen Seite gibt es ebenso Kunden, die eine sehr hohe Kaufschwelle haben. Diese werden sich so lange nicht für einen Kauf entscheiden, bis sie sich zu hundert Prozent sicher sind, dass dein Angebot das absolut Richtige für sie ist.
- ✓ Dringlichkeit zur Beseitigung des Problems bzw. die Stärke des Schmerzes, die durch das Problem ausgelöst wird. Wenn der Kunde eine Lösung sofort benötigt, wird er eher dazu geneigt sein, das erste Angebot zu nutzen, um den Schmerz zu beseitigen. Anders verläuft der Kaufprozess, wenn das Problem beim Kunden zwar vorherrscht, der Schmerz aber noch nicht stark genug für einen Kauf vorliegt. Darauf kannst du indirekt Einfluss nehmen, indem du bei deiner Marketingkommunikation regelmäßig die

Probleme ansprichst und den daraus resultierenden Schmerz so detailliert und emotional wie möglich beschreibst.

- ✓ Vorhandene Konkurrenz in deiner Nische. Wenn der Kunde verschiedene potentielle Anbieter für die Lösung im Visier hat, wird er sich unter Umständen erst einmal zu allen Anbietern informieren und erst danach eine Kaufentscheidung treffen.

Somit kann die Interest bzw. die Desire Phase sich kürzer oder auch länger hinziehen. Für diesen Zweck ist es essentiell, diesen potentiellen Kunden in deinem Funnel zu halten. Das ist zum Beispiel durch effizientes Retargeting auf verschiedenen Plattformen (Facebook, Instagram, YouTube, Google...) oder eine aktive organische Social Media-Präsenz möglich. Somit solltest du auf jeden Fall nicht nur auf bezahlte Werbung, sondern auch auf den Ausbau deiner Social Media-Präsenz setzen. Und zwar nicht nur auf deiner Plattform, sondern auf mehreren.

A für Action

Abhängig von der Kaufschwelle eines jeden Kunden, entscheidet sich ein Interessent früher oder später für dein Angebot. Natürlich nur wenn dein Marketing-Funnel perfekt auf den Kunden ausgerichtet ist.

Generelle Tipps, um die Kaufentscheidung früher hervorzurufen, sind:

- ✓ So oft wie möglich (am besten immer) zu einem Handlungsaufruf unter deinen Beiträgen usw. aufrufen. So „dumm“ wie es klingen mag, aber ein Mensch ist eher zu einer Handlung geneigt, wenn er eine konkrete Anweisung dafür erhält. Es liegt in unserem Unterbewusstsein. Wir Menschen brauchen einen Tritt. Dabei solltest du den Interessenten nach Möglichkeit nicht mit zu vielen Handlungsaufforderungen überlasten.

- ✓ Halte den Schmerz des Kunden präsent und intensiviere ihn nach Möglichkeit. Es ist eminent, dass du in deinen Social Media Ansprachen stets den Schmerz ansprichst, den du mit deinem Angebot lösen willst. Das manifestiert den Schmerz im Unterbewusstsein des Kunden und bringt ihn immer wieder hervor. Um den Schmerz zu intensivieren, kannst du Geschichten und plausible Darlegungen der negativen Zukunft aufzeigen. Andersherum kannst du die positive Zukunft ausmalen, die ein potentieller Kunde nach dem Anwenden des Produkts erhalten wird. Es ist wichtig, dass du den potentiellen Kunden auf der emotionalen Ebene triggerst!
- ✓ Schaffe Vertrauen beim Kunden durch positive Kundenrezensionen oder Testimonial-Studies. Nichts schafft mehr Vertrauen als Social Proof und die Bestätigung über das Wirken deines Produktes oder deiner Dienstleistung. Hier gilt das Motto: Je mehr desto besser. Man kann nie genug positive Rezensionen präsentieren. Auf der anderen Seite solltest du alles dafür tun, um negative Rezensionen zu verhindern. Eine negative Meinung bewirkt das Vielfache einer positiven Bewertung. Stelle also sicher, dass du auf jeden Fall das einhältst, was du in deinen Marketingkampagnen versprichst. So werden Kunden nach dem Kauf nicht

enttäuscht sein. Um positive Bewertungen zu erhalten musst du die Kunden ebenfalls darauf ansprechen. Darauf zu warten und es zu hoffen, reicht nicht! Du kannst auch Anreize für Rezensionen schaffen. Dabei meine ich nicht, dass du Fake-Rezensionen erwerben solltest. Bitte Letzteres unter keinen Umständen durchführen! Sondern dem Kunden ein Gratis-Geschenk mitgeben, damit dieser eine **ehrliche Bewertung** zu seiner Erfahrung abgibt. Hier ist es wichtig festzuhalten: Du darfst den Kunden nicht zu einer positiven Rezension zwingen. Das ist verboten. Ihn aber um seine ehrliche Meinung zu bitten, wenn ihm das Produkt gefallen hat, ist in Ordnung. (Lass dich im Zweifel rechtlich beraten). Sammle diese Rezensionen an einem Ort, um diese gezielt in deinem Marketing-Funnel einzubauen. Du kannst dafür z. B. die Plattformen „ProvenExpert“ oder „TrustPilot“ nutzen. Beide Plattformen lassen sich ohne großen Aufwand auf deiner Website oder Landing-Page verankern.

L für Loyalty

Nachdem Du einen Neukunden erfolgreich gewinnen konntest, solltest du ihn nicht komplett vergessen. Einen neuen Kunden zu akquirieren kostet wesentlich mehr Geld und Energie als einem bestehenden (und auf jeden Fall zufriedenen) Kunden ein weiteres Produkt zu verkaufen. Dieser ist nämlich mit dir bzw. dem Unternehmen bereits vertraut, sodass die Kaufschwelle bei einer positiven Erfahrung sehr viel niedriger ist. Deshalb sorge dafür, dass dein Kunde nach dem Kauf auf jeden Fall deinem sozialen Netzwerk erhalten bleibt. Ruf ihn auf, dir bzw. deinem Unternehmen auf allen sozialen

Netzwerken zu folgen. Informiere den Kunden zudem stets über neue Angebote bzw. weitere Angebote, die ihm bei seinem Problem weiterhelfen könnten.

2.3 Wie du mit der „MN"-Insidermethode Neukunden auf Social Media gewinnst, ohne einen Cent auszugeben

Hast du schon einmal Kaltakquise im echten Leben oder am Telefon gemacht? Wenn ja, dann weißt du wahrscheinlich, dass es nicht so leicht ist, da du live in der Situation auf die Reaktion deines Gegenübers mit den richtigen Methoden antworten musst. Wenn nicht, dann liegt das höchst wahrscheinlich daran, weil Kaltakquise sehr negativ behaftet ist und eine hohe Überwindung kostet. Wenn man allerdings die Kaltakquise beherrscht, dann kann man ziemlich leicht an neue Kunden kommen und das Beste: Du musst dafür keinen einzigen Cent aufbringen.

Social Media eröffnet uns jedoch bei der Kaltakquise neue Möglichkeiten. Und zwar muss man nicht mehr peinliche und aufdringliche Gespräche am Telefon oder vor Ort beim potentiellen Kunden führen. Man kann diesen Prozess ganz bequem auf Social Media durch die Chatfunktion der meisten Plattformen durchführen. Der Name der Methode „MN" leitet sich aus den Begriffen „Messenger" und „Nachricht" her. Das Erstaunliche: Kaltakquise auf Social Media hat eine sehr hohe Akzeptanz und ebenfalls eine sehr hohe Effektivität. Zudem bietet uns Social Media einen nahezu unendlichen Zugriff auf neue potentielle Kunden.

Folgendes Vorgehen hat sich in der Praxis als sehr erfolgversprechend erwiesen:

Schritt 1: Finde deinen Zielkunden

Zunächst solltest du nach den passenden Zielkunden suchen. Abhängig von der Plattform bieten sich verschiedene Methoden zur Suche von potentiellen Kunden. Diese schauen wir später bei jeder Plattform genauer an. Hier empfehle ich dir trotz der hohen Auswahl an Nutzern, dich anhand deiner Kundenavatare auf Nutzer mit der höchsten Passgenauigkeit zu fokussieren. Sonst wirst du zum einen durch eine hohe Absagequote ziemlich schnell deine Motivation verlieren und auf der anderen Seite kostet Kaltakquise Zeit. Wenn du dich also mit unpassenden Interessenten unterhältst, dann verschwendest du einfach nur deine wertvolle Zeit.

Schritt 2: Connecte dich mit deinen Zielkunden

Abhängig von der Plattform kannst du dich auf verschiedene Art und Weise mit den Interessenten vernetzen. Das schauen wir uns ebenfalls bei jeder Plattform im Detail an. Dieser Schritt ist notwendig, damit dein Profil schon mal bei dem Nutzer auftaucht und er die Möglichkeit hat, sich bereits den ersten Eindruck von dir zu machen. Zeitgleich solltest du eine Nachricht an den Nutzer versenden. Dabei haben sich zwei Methoden als sehr effektiv bewiesen:

a) mit einem offensichtlichen Grund

Diese Methode hat im Vergleich zur zweiten Methode eine höhere Erfolgsquote. Und zwar solltest du im ersten Schritt immer nach einem offensichtlichen Grund suchen, warum du einem Nutzer schreibst. Dieser Grund sollte aber nicht „Ich möchte dir direkt etwas verkaufen“ sein. Schaue dir das Profil bzw. die Aktivität in Gruppen, Seiten usw. des Nutzers an. Hat der Nutzer eine konkrete Frage oder Problem geäußert? Dann greif das auf. Hat er eine Meinung zu deinem Thema geäußert, dann greif sie auf. So wirkst du direkt sympathisch, da du dem Nutzer in seinen Augen nicht direkt etwas verkaufen möchtest.

b) ohne einen offensichtlichen Grund

- Wenn es wahrscheinlich ist, dass sich der Nutzer für dein Thema interessiert, dann frag ihn, wie es dazu kommt bzw. was seine größten Herausforderungen in Bezug auf das Thema aktuell sind.
- Wenn es nicht offensichtlich ist, dass sich ein Nutzer direkt für ein Thema interessieren könnte, dann frag ihn nach einigen einleitenden Worten, ob er sich für das Thema XY interessiert.

Da der Nutzer dich noch nicht kennt, macht es Sinn, kurz einige einleitende Worte über dich zu sagen und auch etwas Positives über den Nutzer bzw. sein Profil zu äußern. Es kann ein Kompliment sein oder eine Gemeinsamkeit, die dir aufgefallen ist. Hier gilt: Je spezifischer du etwas identifizieren kannst, desto höher sind deine Erfolgsaussichten.

Dabei funktionieren die beiden Methoden sowohl als Chatnachricht als auch in Form von Sprachnachrichten. Du kannst gerne beide Arten ausprobieren und die mit der besseren Erfolgsquote langfristig nutzen.

Schritt 3: So überzeugst du beim Chatten

Nachdem ein Nutzer positiv auf deine Anfrage reagiert hat, musst du ihm dich und dein Produkt nun richtig verkaufen. Vielleicht hast du das auch schon einmal erlebt: Bereits mit der ersten Nachricht wird versucht, einem ein Produkt zu verkaufen. Wie würdest du darauf reagieren? Genau, gar nicht. Du hast weder Sympathie zu deinem Gegenüber aufbauen können, noch hat der Verkäufer überhaupt deinen Bedarf feststellen können. Ohne den Bedarf und die Probleme des Gegenübers zu kennen und eine „Beziehung" aufgebaut zu haben, kann die Produktpräsentation auch nicht funktionieren. So läuft Verkaufen nicht ab!

Finde im ersten Schritt durch Fragen heraus, welche Probleme der Nutzer hat, was seine Ausgangssituation ist, was er bereits versucht hat und was sein Ziel ist. Je mehr Fragen du vor der Angebotsvorstellung stellst, desto besser. Natürlich sollte es nicht wie ein Interview wirken. Gib dem Nutzer zwischendurch auch immer wieder einen wertvollen Tipp oder erzähle auch etwas über dich.

Wenn du dir nach dieser Fragerunde sicher bist, dass der Nutzer zu deiner Zielgruppe zählt, kannst du ihm dein Angebot vorstellen. Dabei sollten hier die auf die Person zugeschnittenen Vorteile präsentiert und Emotionen in der Person hervorgerufen werden. Mach dem Interessenten also klar, dass er durch dein Angebot entweder seinen Schmerz endlich beseitigen oder seinen gewünschten Zielzustand erreichen wird. Zusätzlich solltest du verstärkende Adjektive und andere Wortzusätze nutzen. Ohne das Ganze natürlich unnötig aufzublähen und unglaubwürdig erscheinen zu lassen. Hier gilt ebenfalls: Versprich nichts, was du nicht halten kannst.

Zum Beispiel:

„Sie werden innerhalb von 7 Tagen Erfolge sehen."

» Sie werden innerhalb von **nur** 7 Tagen Erfolge sehen.

„Das Produkt wird Ihr Problem XY lösen."

» Das Produkt wird **definitiv** das Problem XY lösen.

Diese 3 Dinge solltest du auf dem Schirm haben

Erstens: Erwarte nicht, dass 100% der Nutzer dir antworten werden. Auch nicht 50% der Nutzer. Es werden ca. 10-20% der Nutzer auf dein Anschreiben reagieren. Natürlich hängt es auch stark von der Qualität des Anschreibens ab. Wieso ist die Zahl so gering? Nun: Zunächst ist nicht jeder Nutzer jeden Tag online. Manche Nutzer schauen nur selten in ihr Anfragenpostfach. Nicht jeder passt unbedingt zu deiner Zielgruppe. Vielleicht ist das Problem des Nutzers nicht so akut oder bereits gelöst. Das kannst du im Vorfeld nicht wissen. Deshalb ist es ganz normal, dass die Antwortquote sich in dem Rahmen aufhalten wird.

Zweitens: Gib dem Nutzer kostenlosen Mehrwert. Das bezieht sich vor allem auf die Strategie „Content Marketing", die wir im nächsten Kapitel behandeln werden. Allerdings solltest du ihm bei der MN-Strategie beim Chatten mit dem Nutzer ebenfalls wertvolle Tipps liefern, damit dieser deinen Expertenstatus erkennt, da er davor wahrscheinlich noch nie etwas von dir gehört hat. Noch bei zu vielen Unternehmern und Selbstständigen herrscht die Meinung, dass die Preisgabe kostenloser Informationen das Problem des Nutzers vollständig löst. Und das ist leider komplett falsch. Wir leben im 21. Jahrhundert. Jede Information ist heutzutage irgendwo im Internet kostenlos verfügbar. Somit wird dein Gegenüber auf die Information früher oder später selber stoßen. Die Frage ist bloß, ob du das zu deinem Vorteil nutzen wirst oder eben nicht. Die Vorteile liegen glasklar auf der Hand:

1. Der Kunde sieht dich als Experten an. Und das ist, was du erreichen willst. Wenn dein Kunde dich als Experten ansieht, wirst du ihm viel leichter etwas verkaufen können. Der Kunde ist nämlich bereit, dir zuzuhören und deinen Ratschlägen zu folgen.
2. Das Prinzip der Reziprozität greift. Wir Menschen funktionieren nach dem folgenden Prinzip: Wenn uns jemand etwas Gutes tut, sind wir im Gegenzug dazu bereit, zu einem späteren Zeitpunkt auch etwas Gutes für den anderen zu leisten. Wenn du der Person also kostenlose Tipps und Ratschläge zur Verfügung stellst, befindet sich die Person danach in der Bringschuld. Und das öffnet dir die Tür zu einem erfolgreichen Geschäft.
3. Umgehe Shadowbans. Shadowbans sind sehr ärgerliche Showstopper. Sie zwingen dich nämlich dazu einige Tage bis Wochen pausieren zu müssen. Wovon ist die Rede?

   Wenn du zu viele Nutzer an einem Tag anschreibst, dann werden Social Media Plattformen deine Nachrichten als unerwünschte Spamnachrichten einordnen. Diese werden dem Nutzer nicht direkt angezeigt, sondern befinden sich in einem versteckten Ordner, der nur über Umwege zu finden ist. Die nächste Stufe ist, dass du für einige Tage bis Wochen blockiert wirst und nicht mehr in der Lage sein wirst Nachrichten zu versenden. Beim wiederholten Vorgehen wirst du dann schlussendlich auf der Plattform gesperrt.

Aus diesem Grund empfehle ich dir nicht mehr als 6 Personen an einem Tag anzuschreiben. Das ist ein guter Richtwert für jede Plattform. Und fokussiere dich stets auf die für dich relevante Zielgruppe und gestalte die Anschreiben individuell. Klar solltest du ein vorgefertigtes Konstrukt haben. Versuche dich aber immer auf einen konkreten Grund beim Anschreiben zu fokussieren und spezifische Komplimente zu vergeben.

Außerdem möchte ich dich darauf hinweisen, dass du dich unter Umständen rechtlich in einer Grauzone befindest. Denn unerwünschte Werbemails sind laut Gesetz in Deutschland nicht erlaubt. Allerdings wird sich in der Praxis keiner die Mühe machen, um etwas gegen deine Nachricht zu unternehmen. Natürlich nur, wenn du es mit deiner Hartnäckigkeit nicht übertreibst. Allerdings möchte ich hier darauf hinweisen, dass das Buch keine rechtliche Beratung darstellt. Wenn du dir unsicher bist, dann weise ich dich darauf hin, eine rechtliche Beratung diesbezüglich in Anspruch zu nehmen.

2.4 Content Marketing Leitfaden: Interessenten wie ein Magnet anziehen und sie zu zahlenden Kunden verwandeln

Hinter Content Marketing verbirgt sich ebenfalls eine kostenlose Marketingmethode, die auf organisches Wachstum ausgelegt ist. Dabei wird das Ziel verfolgt, durch das regelmäßige Veröffentlichen von mehrwerthaltigen Beiträgen zu einem gewissen Thema Neukunden zu gewinnen und bestehende Kunden langfristig an das

Unternehmen zu binden. Unter mehrwerthaltigen Beiträgen versteht man Beiträge, die deiner Zielgruppe Tipps und Hilfestellungen zur Lösung eines Problems bieten.

Dabei beruht erfolgreiches Content Marketing auf den folgenden sechs Prinzipien:

Aufbau von Reichweite

Indem du regelmäßig hilfreiche Beiträge für deine Zielgruppe veröffentlichst, ergibt sich daraus für Nutzer das Bedürfnis deinem Profil zu folgen, um stets über neue Inhalte informiert zu werden.

Wenn dir somit ein Nutzer folgt, dann handelt es sich im Prinzip um einen potentiellen Kunden. Denn hätte er kein Interesse, dann würde er dir auch nicht folgen. Je größer deine Reichweite, desto größer ist dein Pool an potentiellen Kunden.

Aufbau eines Expertenstatus

Wir hatten dieses Thema bereits im letzten Kapitel angesprochen. Und zwar kannst du bei deinen Followern und potentiellen Kunden durch Content Marketing deinen Expertenstatus manifestieren. Denn Menschen lassen sich von anderen Menschen leiten, wenn sie ihnen Kompetenz und Expertise auf einem Gebiet zuschreiben. Die Empfehlung von Ärzten bei Schmerzen ein Medikament einzunehmen wird selten von Patienten hinterfragt. Warum? Weil man einem Arzt einen Expertenstatus zuordnet und so die Richtigkeit der Aussagen voraussetzt.

Erhöhung des Vertrauens

Interessenten werden nur zu Kunden, wenn sie einem vertrauen. In der Regel spielt das Vertrauen beim Verkaufen die wesentliche Rolle. Menschen, denen wir vertrauen, folgen wir viel eher. Warum? Weil wir voraussetzen, dass diese Personen nur Gutes für uns wollen. Deshalb achte stets auf einen professionellen und seriösen Auftritt. Damit ist nicht gemeint, dass deine Beiträge einem Hollywoodfilm entsprechen müssen. Viel eher ist gemeint, dass du hilfreiche Beiträge postest, die auf die Probleme deiner Zielgruppe abgestimmt sind, du stets auf die Meinung bzw. Kommentare deiner Follower eingehst und auch einen persönlichen Austausch zulässt. Freunden vertraut man nämlich viel eher als Fremden.

Nutzung von Reziprozität

Das Thema „Reziprozität“ haben wir im letzten Kapitel bereits angeschnitten. Und zwar sind Menschen bereit, einem etwas Gutes zu tun, wenn man ihnen zuvor auch etwas Gutes getan hat. Indem wir regelmäßig für Nutzer hilfreiche Beiträge erstellen, entsteht bei den Nutzern das Gefühl der Bringschuld. Deshalb achte darauf, dass deine Inhalte deiner Zielgruppe einen Mehrwert liefern und du wirst merken, dass nicht nur deine Reichweite wachsen wird, sondern auch die Anzahl deiner Kunden.

Steigerung der "Points of Contact"

Bevor ein Interessent zum Kunden wird, muss er in Kontakt mit deinem Angebot kommen. Dabei variiert die Kaufschwelle bei jedem

Menschen. Manche Menschen kaufen auch, wenn sie nur zu 50% sicher sind, dass sie das Produkt bzw. die Dienstleistung brauchen und du in ihren Augen der beste Anbieter bist. Genauso gibt es aber auch Menschen, die jede Kleinigkeit hinterfragen, bevor sie einen Kauf tätigen. Aus diesem Grund reicht in der Regel ein Kontakt nicht aus. Wenn du nun deine Follower regelmäßig mit Beiträgen konfrontierst, erhöhst du mit jedem Mal die Sicherheit der Interessenten.

Genauso ist das Ausmaß des Schmerzes bzw. des Bedürfnisses, sofort einen Kauf zu tätigen, von der Situation eines jedes Menschen abhängig. Der Schmerz bzw. das Bedürfnis kann sich allerdings mit der Zeit ändern. Sobald dann der Interessent eine Lösung zu seinem Problem benötigt, stehst du auf der Liste ganz oben, denn der Interessent hat zu dir bereits eine emotionale Bindung (Vertrauen) aufgebaut und ist von deinem Expertenstatus überzeugt.

Wie du aktiv das Bedürfnis bzw. den Schmerz eines Interessenten intensivieren kannst, erfährst du im folgenden Kapitel.

Langfristige Kundenbindung

Es ist leichter, einer Person etwas zu verkaufen, wenn sie schon einmal Kunde bei dir gewesen ist und mit deinem Produkt bzw. Dienstleistung zufrieden war. Um den Kundenkontakt nicht zu verlieren, bietet sich Content Marketing bestens an. Denn so bekommt der Kunde immer regelmäßig hilfreiche Inhalte und ist bei neuen Produkten usw. direkt informiert.

2.5 Das sollte dein Content enthalten, um Reichweite zu generieren und daraus Neukunden zu schöpfen

Vorbereitung und Bedarfsanalyse

Bevor du damit loslegst, haufenweise Content zu produzieren, stell sicher, dass du die Marketinggrundlagen, die wir zu Beginn des Buches behandelt haben, verinnerlicht und umgesetzt hast. Sobald du nämlich damit anfängst, Content zu produzieren, trittst du in die Sichtbarkeit und dann wird deine Person bzw. dein Unternehmen mit bestimmten Themen assoziiert. Klar kannst du jederzeit auch den Kurs ändern, allerdings wird das mit steigender Bekanntheit immer schwieriger, da sich das Bild bei den Menschen festigt.

Dafür solltest du dich sowohl zu Beginn als auch in regelmäßigen Abständen mit deiner Zielgruppe austauschen und den Kontakt pflegen. So bleibst du up-to-date und erzielst bessere Resultate, da du Content produzierst, der den Interessen und Wünschen deiner Zielgruppe entspricht.

Positionierung und USPs deines Contents – so geht es richtig! (Mit konkretem Beispiel)

Bis zu diesem Punkt hast du hoffentlich bereits eine Positionierung deines Angebots aufgestellt und USPs deines Angebots ausgearbeitet. Nun solltest du ebenfalls deinen Content positionieren und durch USPs gestalten. In der Regel gibt es bereits unzählige Contentersteller zu deinem Thema. Deshalb finde die Lücke, die deinen

Content einzigartig macht. Hier zählt folgendes Prinzip: „Auffallen und polarisieren“. Natürlich solltest du je nach Seriosität deines Inhalts keinen unpassenden Comedycontent abliefern. Auffallen und polarisieren solltest du immer in einem adäquaten Rahmen.

Hier bietet sich folgendes Beispiel zur Veranschaulichung an:

» Such auf YouTube nach “Blendtec’s Will It Blend?“

Oder klick auf den folgenden Link:

» https://bit.ly/2R1YhyM

Und zwar handelt es sich hierbei um einen YouTube Channel eines Herstellers von Hochleistungsmixer aus den USA. Anstelle „langweiliger“ Vorträge über die Funktionen und Besonderheiten eines Mixers (was nicht unbedingt schlecht sein muss, wenn man es richtig kommuniziert und unterhaltend verpackt), stellt der Hersteller die Leistung seiner Mixer auf eine unterhaltsame Art und Weise dar.

Das Ergebnis: Der Channel hat über 860.000 Follower. Da wird auf jeden Fall der eine oder andere Kunde bzw. zukünftiger Kunde dabei sein!

Deshalb werde kreativ und versuch ruhig „einzigartige“ Formate aus, damit du aus der Masse herausstichst und polarisierst. Je mehr Aufmerksamkeit, desto besser!

Diese beiden Faktoren sollte dein Content beinhalten

Anknüpfend an den vorherigen Punkt sollte nun klar sein, dass der Unterhaltungsfaktor einen enormen Beitrag zur Sichtbarkeit deines Contents und deines Profils beitragen wird. Der andere Faktor ist die Informations- bzw. Wissensvermittlung. Diese beiden Punkte führen nämlich dazu, dass Menschen ihre Zeit auf Social Media verbringen. Deshalb sollte dein Content diese beiden Faktoren berücksichtigen. Nun ist aber wichtig anzumerken: Je nach Thema und erforderlicher Seriosität deines Auftritts wird der Anteil des einen Faktors weniger und der andere stärker ausfallen müssen, damit du Erfolge mit deinem Content erzielst.

Tendenziell gilt: je jünger deine Zielgruppe, desto mehr Unterhaltung muss gewährleistet werden. Je älter deine Zielgruppe, desto seriöser sollte dein Auftritt sein.

Genauso hängt es stark vom Thema ab. Als Rechtsanwalt solltest du dich mehr auf das Thema Informations- bzw. Wissensvermittlung fokussieren. Anders sieht es aus, wenn du z. B. Produkte des alltäglichen Lebens wie T-Shirts verkaufst.

Trotzdem solltest du auch als Rechtsanwalt den Unterhaltungsfaktor nicht vernachlässigen und nicht nur langweilige Präsentationen als Beiträge veröffentlichen. Behalte das Beispiel aus dem letzten Kapitel mit dem Mixer im Hinterkopf.

Professionalität deiner Beiträge

Vor 5 Jahren hätte es noch ausgereicht ein einfaches Bild, das mit der Smartphonekamera aufgenommen wurde, zu veröffentlichen. Heutzutage solltest du allerdings auf eine höhere Qualität deiner Beiträge achten. Bei Bild- und Videobeiträgen lohnt es sich auf jeden Fall, in teureres Equipment zu investieren.

Wenn deine Beiträge sich auf erstellte Grafiken fokussieren werden, dann solltest du insgesamt auf eine professionelle Aufbereitung achten. Stimme die Farben ab und verwende passende Icons.

Gratisicons findest du z. B. auf Iconfinder. Wähle dort bei der Auswahl kostenlose Icons ohne einer Linkangabe aus und du wirst in der Regel passende Icons finden. Ansonsten kann es sich ebenfalls lohnen, auf kostenpflichtige Icons auszuweichen, da die Qualität und das vorhandene Angebot dieser deutlich höher sind.

SEO-und Algorithmus Optimierung

Auf vielen Plattformen besteht die Möglichkeit, dein Profil sowie deinen Content SEO-technisch zu optimieren. Doch zunächst: Was hat es mit SEO auf sich?

SEO beutetet „Search Engine Optimization“. Auf Deutsch: Suchmaschinenoptimierung. Wenn also Nutzer auf einer Social Media Plattform nach einem Thema (z. B. auf YouTube) suchen, berechnet der Algorithmus innerhalb weniger Millisekunden, welche Beiträge bzw. Profile angezeigt werden. In der Regel reicht es aber nicht nur aus, bei einer Suchanfrage gelistet zu werden. Das Ziel sollte es sein, dass deine Beiträge bzw. dein Profil in der Suche unter den Top 5 Ergebnissen landet. Denn Statistiken zufolge, schauen sich die meisten Nutzer nur die ersten 5 gelisteten Suchergebnisse an. Seite 2 findet in der Regel gar keine Beachtung. Oder hast du jemals auf die 2.te Seite bei der Googlesuche geklickt? Aus diesem Grund solltest du dem Algorithmus stets eine gut ausgearbeitete Datengrundalge liefern, damit dieser deine Beiträge besser versteht und bei den richtigen Suchanfragen ausspielt.

Bei Plattformen, die keine Suchmaschinenfunktion enthalten z. B. Instagram, bist du voll und ganz auf die organische Empfehlung deiner Beiträge durch den Algorithmus an weitere Nutzer angewiesen. Damit der Algorithmus versteht, wie genau dein Beitrag thematisch eingeordnet werden sollte, benötigt er Daten und Informationen von dir. Aus diesem Grund solltest du diesbezüglich eine Optimierung vornehmen.

In der Marketingfachsprache hat sich der Begriff der „Keywords" etabliert. Bei Keywords handelt es sich um Begriffe bzw. eine Reihe von Begriffen, die Nutzer bei der Suche eingeben, um gezielt nach etwas zu suchen. Das Besondere: Menschen denken in der Regel ähnlich. Aus diesem Grund lässt sich die Anzahl möglicher Keywords für ein Thema sehr stark eingrenzen. Damit deine Beiträge nun möglichst vielen Nutzern angezeigt werden, solltest du bei Keywords gelistet werden, die die meisten Suchanfragen erhalten.

Um dir einen ersten Überblick zu verschaffen, kannst du das kostenlose Tool von Neil Patel „Ubersuggest" nutzen. Bei diesem kannst du einige Analysen pro Tag kostenlos durchführen.

Ansonsten empfehle ich dir stets, ein plattformspezifisches Tool zu verwenden. Dort werden dir nämlich neben Keywordauswertungen auch weitere sehr hilfreiche Daten und Informationen zur Verfügung gestellt. Diese Tools sind aber in der Regel kostenpflichtig. Wenn du aber das Meiste rausholen möchtest, dann empfehle ich dir auf jeden Fall, langfristig auf kostenpflichtige Tools zu setzen. Welche Tools sich bei welcher Plattform eignen, zeige ich dir in den einzelnen Kapiteln zu jeder Plattform.

Nun lässt sich leider in der Praxis der folgende Irrglaube beobachten: das sogenannte „Keywordstuffing".

Und zwar wird beim Keywordstuffing versucht, so viele Keywords wie möglich im Beschreibungstext, im Titel usw. zu verpacken in der Hoffnung, dass man so seine Chancen für mehr Sichtbarkeit und Reichweite erhöht. In der Regel werden in diesem Zusammenhang auch komplett irrelevante Keywords nach dem Motto „viel hilft viel" herangezogen. Das bringt uns aber langfristig nicht weiter. Und zwar aus den folgenden beiden Gründen:

- Bei zu vielen Keywords tritt der sogenannte Shadowban in Kraft. Algorithmen der Plattformen erkennen in der Regel ganz leicht, ob es sich um Keywordstuffing handelt. Da die Plattformen ihre Nutzer nur mit relevanten Beiträgen konfrontieren wollen, wird die Relevanz und Sichtbarkeit deiner Beiträge herabgestuft, da nicht mehr ersichtlich ist, worum es sich eigentlich in deinem Beitrag handelt.
- Keywords mit niedriger Relevanz zu deinem Thema führen dazu, dass sich der Algorithmus anhand „falscher" Daten optimiert. So werden deine Beiträge Nutzern, die nicht deiner Zielgruppe entsprechen, angezeigt. Somit verpufft die Wirksamkeit deiner Beiträge und kann langfristig komplett deine Sichtbarkeit in den Keller treiben, da deine Beiträge dann in der Regel ebenfalls eine sehr schwache Klickrate (Anzahl der Klicks im Vergleich zur Anzahl der Impressionen) oder Interaktionsrate (Anzahl der Interaktionen zur Anzahl der Impressionen) aufweisen werden.

Aufgrund dieser beiden Punkte solltest du also lieber auf wenige und dafür sehr relevante Keywords setzen.

Conversion- bzw. Verkaufsoptimierung

Deine Beiträge und Texte solltest du nicht nur auf SEO optimieren, sondern solltest du auch eine Conversion- bzw. Verkaufsoptimierung vornehmen. SEO sorgt nämlich dafür, dass Beiträge

Sichtbarkeit bekommen. Ob die Sichtbarkeit dann auch zahlende Kunden bringt, hängt von der Conversionoptimierung ab.

Es ist keine Kunst, erfolgreiche Verkaufstexte zu schreiben, wenn du diese Punkte berücksichtigst.

» Sprich die **Zielgruppe** direkt an. Wenn sich dein Angebot z. B. an Ärzte richtet, dann sprich das genauso 1:1 an. So fühlen sich Personen direkt angesprochen und sehen dich als Experten für sie an.

» Benenne die **Probleme,** die dein Angebot löst. Entweder kannst du Fragen stellen, ob den Nutzern gewisse Probleme bekannt vorkommen oder du sprichst direkt an, welche Probleme dein Angebot löst.

» Male eine **positive Zukunft** aus. Der Kunde muss rational aber auch emotional dein Angebot wollen. Deshalb solltest du potentiellen Kunden stets klarmachen, wie positiv die Zukunft durch dein Angebot bei ihnen aussehen wird.

» Gib stets die **Vorteile** an. Wenn du ein Merkmal deines Angebots beschreibst, dann bleib nicht nur bei den harten Fakten, sondern gib stets an, welchen greifbaren Vorteil dieses Merkmal für den Kunden hat. Die Vorteile kannst du sehr leicht durch die Wörter „damit“ oder „um ... zu“ benennen. Wenn du z. B. einen 24h Support anbietest, dann könnte es wie folgt aussehen:

  Damit du keine Zeit verschwendest, falls etwas unklar ist, bieten wir dir einen 24h Support für unsere Produkte an. Ruf uns einfach an und jemand aus unserem Team wird dir persönlich weiterhelfen!

» Löse **Emotionen**. Emotionen sind in der Regel der wesentliche Faktor, weshalb sich jemand für einen Kauf entscheidet. Aus diesem Grund solltest du bei deinen Ansprachen so viele Emotionen wie möglich auslösen. Das erreichst du durch die Verwendung von verstärkenden Adjektiven, Storytelling und rhetorischen Stilmittel wie Metaphern.

» Animiere stets zum **Handeln**. Auf der einen Seite solltest du wie bereits bekannt stets einen **CTA** (also eine Handlungsaufforderung) angeben. Auf der anderen Seite solltest du deine Sätze dynamisch gestalten. Das erreichst du, indem du anstelle von Nomen **Verben** verwendest. Als Beispiel:

  <u>Nein:</u> Das Einnehmen unserer Supplements führt zur vielfachen Steigerung deiner Konzentration!

  <u>Ja:</u> Nimm unsere Supplements ein, und steigere deine Konzentration um das Vielfache!

Diese 2 Fehler rauben dir potentiellen Umsatz

Am Ende des Tages wollen wir durch Content Marketing mehr Kunden akquirieren und mehr Umsatz generieren. Diesbezüglich treten in der Praxis die beiden Fehler auf:

a) Man verkauft nichts aktiv und hofft, dass sich die Interessenten von alleine melden.

b) Man will zu voreilig etwas verkaufen.

Schauen wir uns zunächst Fall a) an.

Leider ist der folgende Glaubenssatz unter Unternehmern sehr weit verbreitet:

„Ein Produkt muss nicht aktiv beworben oder verkauft werden. Wenn es gut genug ist, dann verkauft es sich von selbst."

Das stellt leider einen schlimmen Trugschluss dar. Von diesem Glaubenssatz geleitet, veröffentlichen etliche Unternehmer und Selbstständige kostenlose Inhalte auf Social Media, ohne dabei auch nur ein Wort über ihre Dienstleistung oder ihr Produkt zu verlieren. Wie soll in diesem Fall ein Interessent auf die Idee kommen, dass man ihm mit seinem kostenpflichtigen Angebot helfen kann?

Schauen wir uns Fall b) an.

Nun hast du wahrscheinlich eingesehen, dass Marketing und Verkaufen essenziell für den Erfolg deines Unternehmens sind. Dabei ist die Gefahr sehr groß, ins andere Extrem zu rutschen. Ohne wirklich auf die Bedürfnisse der Kunden einzugehen und ihnen Tipps kostenlos zur Verfügung zu stellen, dreht sich jeder Beitrag nur um die Dienstleistungen oder Produkte des Unternehmens. Kein Wunder, dass du so nichts wirst verkaufen können. Denn der Kunde nimmt dein Profil als reinen Werbekanal wahr, bei dem sich alles nur um das Verkaufen dreht.

Ich hoffe, es wurde klar, dass beide Extreme ungeeignet sind, um erfolgreich auf Social Media zu verkaufen. Was du brauchst, ist eine Mischung aus beiden.

Wie setzt man das erfolgreich in der Praxis um?

Du solltest auf jeden Fall qualitativ hochwertige Inhalte mit hohem Mehrwert für deine Zielgruppe veröffentlichen. Solange deine Follower also einen hohen Mehrwert bei deinen Inhalten verspüren, fällt es nicht negativ ins Gewicht, wenn du bei jedem Beitrag auf dein Angebot aufmerksam machst. Genauso kannst du regelmäßig Angebotsvorstellungen einbauen. Hier solltest du aber auf eine lockere Atmosphäre mit einer coolen Storyline setzen. Auf eine trockene Präsentation des Produktes solltest du verzichten. Solange bei der Produktvorstellung ein Unterhaltungsfaktor gegeben ist bzw. es nicht direkt ersichtlich ist, dass es sich um einen Verkaufsbeitrag handelt, bewegst du dich im grünen Bereich.

Klar ist auch, dass nicht jeder Nutzer mit Werbung zufrieden ist. In einer perfekten Welt von manchen Social Media Nutzern herrscht keine Werbung und jede Sache ist auf der Welt kostenlos zu haben. Diesen Nutzern solltest du keine Aufmerksamkeit schenken, da es sich in der Regel um Nutzer handelt, die sowieso nicht kaufen werden.

Wenn allerdings häufig von unterschiedlichen Nutzern die Rückmeldung kommt, dass sich die Beiträge nur noch um das Verkaufen drehen, solltest du dir diese Kritik zu Herzen nehmen. Diese Entwicklung bemerkst du auch dadurch, dass deine Followeranzahl sinkt und deine Beiträge weniger Likes erhalten.

Dringlichkeit und Knappheit erzeugen

Dringlichkeit und Knappheit – diese beiden Punkte sind essenziell, wenn es darum geht, dass deine Follower automatisch zu Neukunden werden. Und genau diese beiden Punkte haben nur die wenigsten Contentersteller auf dem Schirm.

Zunächst einmal müssen wir die beiden Punkte weiter unterteilen in: natürliche und künstlich erzeugte Dringlichkeit und Knappheit.

Bei der natürlichen Dringlichkeit und Knappheit handelt es sich um wirklich vorhandene und wahre Gründe, die für eine Dringlichkeit und Knappheit sprechen.

Bei der künstlich erzeugten Dringlichkeit und Knappheit handelt es sich um erfundene Gründe, die zum Kauf anregen sollen.

In der Regel reichen natürliche Gründe aus, damit man eigene Follower erfolgreich zu Kunden umwandeln kann. Klar ist aber auch, dass eine künstliche Verknappung die Conversionrate nochmal anheben wird. Am Ende des Tages musst du mit deinem Gewissen vereinbaren, ob du Gründe erfinden möchtest oder nicht. Meiner Meinung nach spricht eine nicht zu übertriebene Verknappung auf keinen Fall gegen die guten Sitten, wenn dein Angebot wirklich Probleme löst und es sich nicht um einen Betrug handelt.

Wie löst du nun Dringlichkeit und Knappheit bei deinen Followern aus?

Die folgenden Dinge kann ich dir an die Hand geben:

- Sprich so oft wie möglich die Probleme deiner Follower an. Also die Probleme, die du mit deinem Angebot löst. So rufst du regelmäßig den Schmerz bei den Personen hervor. Um das Ganze zu intensivieren, sprich ebenfalls über die negative Zukunft, die sich ergibt, wenn man nicht handelt. Und auf der anderen Seite sprich über die positive Zukunft, die sich ergibt, wenn dein Angebot in Anspruch genommen wird.
- Zeig auf, dass je länger die Entscheidung, sich für dein Angebot zu entscheiden, verschoben wird, es nur das Gegenteil hervorruft, da die Umstände mit der Zeit immer schwieriger werden. Hier ein Beispiel, damit du verstehst, was ich

meine:

Eine Online-Marketing Agentur sollte der Zielgruppe klarmachen, dass die Werbekosten auf den Plattformen sich in der Regel jedes Jahr verdoppeln (am besten anhand von Statistiken), da immer mehr Unternehmer und Unternehmen ihr Angebot vermarkten.

» Führe eine Begrenzung für dein Angebot ein. Die Begrenzung kann sowohl zeitlich als auch durch eine limitierte Menge deines Angebots stattfinden.

Wenn du diese Punkte konsequent umsetzt, dann wirst du in der Regel sehr schnell merken, dass Content Marketing ein sehr effektiver Weg ist, um Neukunden zu gewinnen.

Contentideen und Anregungen

Egal welche Inhalte du veröffentlichst, sollten diese den Nutzern immer einen Mehrwert liefern. Allerdings solltest du nicht dein ganzes Wissen nach einem roten Faden kostenlos zur Verfügung stellen. Das macht dann dein Angebot überflüssig, wenn du vor allem eine Dienstleistung anbietest. Deshalb empfehle ich dir, die folgenden Ideen und Anregungen für deinen Content zu übernehmen.

- Dein Content sollte zwar einen Ansatz zur Problemlösung liefern, allerdings nicht das Problem vollständig lösen. Viel mehr soll nach dem Konsumieren des Contents beim Nutzer der Eindruck entstehen, dass er bei dir an der richtigen Stelle ist, um sein Problem zu lösen.
- Zeige Fehler und Don'ts auf. Anstatt eine Lösung zu geben,

zeige lieber auf, wie es nicht geht bzw. welche Fehler gemacht werden. So kannst du leicht von deiner Kompetenz überzeugen, ohne einen konkreten Plan zur Problemlösung zu liefern.

- Wiederholung ist nicht schlimm – im Gegenteil. Irgendwann kommst du an den Punkt, bei dem du schon die wesentlichen Punkte auf deinem Profil behandelt hast. Allerdings stellt es gar kein Problem dar, deinen Content zu wiederholen. Das liegt vor allem an drei Punkten. Erstens wächst deine Community stets mit der Zeit. Neue Follower werden in der Regel nicht deine alten Beiträge konsumieren. Zweitens vergessen alte Follower recht schnell, ob sie etwas bereits konsumiert haben. Und drittens: Wiederholung macht den Meister. Nutzer sind in der Regel sogar dankbar, wenn Inhalte regelmäßig wieder aufgegriffen werden.

  Kommen wir zurück zum Content. Klar solltest du nicht den Beitrag 1:1 noch mal veröffentlichen. Greif das Thema einfach nochmal auf und bringe vielleicht einen anderen bzw. neuen Denkanstoß hinein.

» Veröffentliche positive Kundenstimmen. Es gibt nämlich kein besseres Kaufargument, als eine ehrliche positive Rezension. Vor allem wenn sich ein Kunde in einer sehr ähnlichen Situation befunden hat, wie andere Interessenten, die noch nicht von deinem Angebot Gebrauch gemacht haben. Hier gilt das Prinzip: viel hilft viel. Deshalb poste sie so oft wie möglich und du wirst merken, dass du spürbar mehr Neukunden generieren wirst.

» Veranstalte (live) Q&As. So baust du leicht eine

„persönliche“ Beziehung zu deinen Followern auf und steigerst hiermit deine Sympathie und Vertrauen. Außerdem trittst du so in den Austausch mit deinen Followern und lernst ihre Probleme und Ziele kennen. So kannst du dann deinen Content und dein Angebot stetig verbessern. Außerdem kannst du mit dieser Methode ganz leicht deine Expertise und Kompetenz zur Schau stellen.

» Veröffentliche Statistiken und Studien. Nichts überzeugt besser als eine Statistik oder eine Studie, die dein Angebot unterstreicht. Je namhafter der Herausgeber der Statistik oder der Studie, desto überzeugender wirkt sie.

» Veröffentliche Case Studies zu deinem Themengebiet. Diese können aktuelle Entwicklungen, Trends, Neuigkeiten usw. enthalten. So zeigst du deinen Followern, dass du eine allumfassende Kenntnis auf dem Gebiet besitzt, dich stetig weiterbildest und die aktuellen Trends im Blick hast.

» Veranstalte Gewinnspiele, um die Interaktion mit deinen Beiträgen zu steigern und so deine Relevanz für den Algorithmus zu erhöhen. Fordere dabei auf, deine Follower unter dem Beitrag zu kommentieren, ihn zu liken und zu teilen.

» Verwende Storytelling. Beim Storytelling handelt es sich um eine Technik, deine Beiträge lebhafter und interessanter zu gestalten, indem du deinen Beitrag wie eine spannende Geschichte aufbaust. Das kann ein persönliches Erlebnis, eine Geschichte eines Kunden oder etwas Spannendes aus dem Alltag sein oder du greifst eine (bekannte) Geschichte oder Aussage auf und verknüpfst sie mit deinem Inhalt. Anstatt einfach nur trocken die Fakten aufzuzählen, versuche immer das Ganze in den Kontext einer Geschichte zu verpacken. Dadurch kannst du ebenfalls besser Emotionen vermitteln, die im Endeffekt zu einer Kaufentscheidung führen. Und Geschichten bleiben besser in Erinnerung!

Wie ist eine exzellente Story aufgebaut?

a) Einleitung: Beginne mit einer kontroversen These, einem Zitat, oder einer spannenden Zusammenfassung worum es gehen wird.

   Was immer funktioniert: „Ich bekomme von vielen Interessenten mit, dass sie Problem XY haben."

   Oder: „Ich wurde heute von einem Kunden auf das Thema XY angesprochen."

b) Mehrwert: Gib der Person nach der knackigen Einleitung der Person in Kürze mit, was er genau lernen wird. So erhöhst du nämlich die Wahrscheinlichkeit, dass diese Person auch wirklich dranbleibt.

c) Hauptinhalt: Führe den eigentlichen Inhalt des Beitrags auf. Beziehe dich dabei auf die Story, die du am Anfang vorgestellt hast.

d) Schluss: Fasse die Kernaussagen zusammen und ziehe eine Lehre daraus.

Ansonsten sollte deine Geschichte noch die folgenden Punkte erfüllen, damit sie wirklich zum Ziel führt.

» Der Leser muss sich mit der Geschichte identifizieren können. Aus diesem Grund solltest du deine Zielgruppe wirklich im Detail kennen.

» Es kommt ein Held vor, der gegen einen Antihelden

ankämpft. Der Held könnte zum Beispiel dein Unternehmen oder dein Angebot sein und der Antiheld, die Probleme die du löst.

» Verwende so viel Bildsprache wie möglich. Je detaillierter man sich die einzelnen Punkte vorstellen kann, desto tiefer brennt sich die Geschichte ein.

» Inspiriere mit deiner Geschichte. Zum einen sollte die Geschichte Emotionen auslösen. Das schaffst du zum Beispiel durch die Verwendung von passenden und verstärkenden Adjektiven. Zum anderen sollte die Geschichte zu einer Handlung motivieren. Das ist das primäre Ziel was wir nämlich in der Regel mit einer Geschichte erreichen wollen.

Call-to-Action – simple und doch sehr effektiv

Am Ende von jedem Beitrag solltest du einen CTA („Call-to-Action“) integrieren. Unter einem CTA verbirgt sich nichts anderes als eine Handlungsaufforderung. Warum ist sie notwendig? Nun, wir Menschen folgen sehr gerne Anweisungen. Deshalb solltest du die Nutzer so oft und so konkret wie möglich zu einer Handlung auffordern. Je genauer du diese beschreibst, desto leichter erscheint sie in den Augen des Nutzers und umso höher ist die Wahrscheinlichkeit, dass der Nutzer es macht.

Du kannst einen CTA nutzen, um zu einem Kauf aufzufordern oder den Beitrag zu liken. Dabei solltest du nicht mehr als zwei verschiedene CTAs auf einmal verwenden, sonst werden Nutzer überfordert und führen gar keine Handlung aus.

Damit der CTA eine größere Wirkung hat, solltest du nicht nur stumpf eine Aufforderung aussprechen (wobei das auch schon wirkt), sondern immer einen Grund aufführen, weshalb es die Person tun sollte. Studien zufolge, reichen nämlich alleine die Worte „weil" oder „damit" aus, um die Effektivität der Aufforderung zu erhöhen. Und das unabhängig von der darauffolgenden Begründung. Um die höchste Effektivität zu erreichen, solltest du natürlich einen plausiblen Grund anführen.

Zum Beispiel: Folge uns, damit du keine Beiträge mehr verpasst.

Oder Fülle das Kontaktformular jetzt aus, damit du endlich eine Lösung zu deinem Problem *(konkretes Problem benennen)* bekommst.

2.6 So nutzt du den Algorithmus jeder Plattform zu deinem Vorteil

Regelmäßige Beiträge

Der Algorithmus stuft aktuelle Beiträge hinsichtlich der Relevanz immer höher ein. Doch nicht nur das. Je häufiger man Beiträge veröffentlicht, desto besser stuft der Algorithmus die Beiträge insgesamt ein. Aus diesem Grund sollte dein Ziel sein, Beiträge regelmäßig und so oft wie möglich zu veröffentlichen. Natürlich haben die Qualität und der Mehrwert der Beiträge einen höheren Stellenwert als die Regelmäßigkeit. Versuche deshalb herauszufinden, welches Format gut bei deiner Zielgruppe ankommt und versuche danach, einen hohen Standardisierungsgrad zu erreichen, damit das Erstellen der Beiträge dir sehr leicht von der Hand geht und nicht so viel

Zeit in Anspruch nimmt.

Regelmäßige Beiträge schätzen deine Follower ebenfalls. Und zwar gilt hier das Prinzip: je öfter desto besser.

Die ersten Sekunden entscheiden

Wenn ein Nutzer durch seinen Feed (Bereich, in dem neue Beiträge angezeigt werden) scrollt, dann entscheidet der Nutzer innerhalb weniger Sekunden, ob er sich die Mühe macht und die Zeit nimmt, sich mit dem Inhalt deines Beitrags zu beschäftigen. Aus diesem Grund sollte dein Beitrag in den ersten Sekunden überzeugen. Das gilt sowohl für Fotos, erstellte Bildbeiträge als auch für Videos.

Bei Videos ist es etwas einfacher als bei Bildern, die Aufmerksamkeit auf sich zu ziehen. Hier kannst du einfach etwas Außergewöhnliches machen, das die Aufmerksamkeit auf deinen Beitrag zieht. Zum Beispiel direkt zu Beginn des Videos in die Hände klatschen oder eine emotionale und energiegeladene Begrüßung. Du darfst gerne so kreativ werden, wie du möchtest. Berücksichtige jedoch, dass es in dein gesamtes Erscheinungsbild passen muss.

Bei Fotos muss die Qualität der Bilder zunächst sehr hoch sein. Insgesamt sollte das Bild etwas enthalten, das sofort die Aufmerksamkeit auf sich zieht: z. B. einen Gegenstand oder eine ausgeschriebene Aussage. Die Kernaussage auszuschreiben ist immer empfehlenswert, außer wenn es sich bei dir um Bilder aus dem Alltag handelt, die keine wirkliche Message vermitteln sollen. So z. B. bei Fitnessmodels.

Bei erstellten Grafiken sollten die Farben aus der Masse herausstechen. Verwende also ruhig komplementäre Farben. Außerdem gilt genauso wie bei Fotos, dass die Kernaussage auf dem Bild ausgeschrieben sein sollte. Je kontroverser bzw. außergewöhnlicher diese ist, desto mehr Aufmerksamkeit wird der Beitrag auf sich ziehen.

Betrachtungszeit vergrößern

Je länger sich ein Nutzer den Beitrag anschaut, desto relevanter stuft der Algorithmus diesen für andere Nutzer ein. Wäre nämlich ein Beitrag uninteressant, würde ein Nutzer nicht die Zeit investieren, um sich diesen anzuschauen.

Bei Videos solltest du einfach das Prinzip des Storytellings umsetzen. So sorgst du für spannende Beiträge, die auch wirklich bis zum Ende angeschaut werden. Den Effekt kannst du künstlich weiter intensivieren, wenn du am Ende des Videos irgendeine spezielle Nachricht für deine Nutzer offenbarst. Dann solltest du darauf am Anfang aufmerksam machen und deinen Nutzern deutlich kommunizieren, dass es sich lohnt das Video bis zum Ende anzuschauen.

Bei einem Fotobeitrag kannst du mehrere Fotos in einem Beitrag veröffentlichen. So werden sich Nutzer länger mit dem Beitrag beschäftigen. Genauso solltest du einen längeren Text in der Beitragsbeschreibung verfassen. Dieser sollte ebenfalls nach dem Prinzip des Storytellings verfasst werden.

Bei erstellten Grafiken spielt die Beitragsbeschreibung in Textform ebenfalls eine sehr wichtige Rolle, wenn es darum geht, die Betrachtungszeit eines Nutzers zu erhöhen. Achte besonders darauf, dass der Beitrag nicht zu überfüllt ausfällt. Das schreckt eher ab, als dass es Nutzer dazu bringt, sich die kleingedruckten Details durchzulesen. Ebenfalls kannst du die Grafiken über mehrere Bilder in einem Beitrag strecken.

2.7 Tipps und Tricks, um deiner organischen Reichweite einen enormen Boost zu verleihen

Diese Tipps und Tricks helfen dir dabei, vor allem zu Beginn erste Reichweite für deine Beiträge zu generieren. Wenn eine Social Media Plattform nämlich bereits zu Beginn merkt, dass die Beiträge ein hohes Interesse bekunden, werden diese im Ranking entsprechend besser bewertet.

» Veranstalte Gewinnspiele, bei welchen es darum geht, den Beitrag zu teilen.

» Promote deinen Social Media Auftritt auf Social Media. Nein, das ist kein Widerspruch. Wenn du dir auf einer anderen Social Media Plattform bereits eine Reichweite aufgebaut hast, dann nutze diese, um sie auf die neue Social Media Plattform zu transferieren. Allerdings geht das auch, wenn du noch gar keine Bekanntheit auf Social Media hast. Zum Beispiel kannst du deine Intragramseite in fremden Gruppen auf Facebook promoten. Natürlich solltest du nicht einfach schamlos Werbebeiträge auf fremden Seiten, Gruppen und Kanälen machen. Poste zum Beispiel einen Beitrag von deiner Instagramseite in einer Facebookgruppe und verweise auf den Beitrag auf deiner Instagramseite. Oder kommentiere Beiträge von anderen mit dem Link zu deiner Instagramseite.

» Informiere deine vorhandenen Kunden über deine neue Präsenz auf einer weiteren Social Media Plattform. So bindest du automatisch deine Bestandskunden noch stärker an dich.

» Setze zunächst lieber den Fokus auf eine Plattform vor einer Streuung auf viele Plattformen. Sobald du dir dann eine vernünftige Reichweite auf einer Plattform aufgebaut hast, kannst du diese nutzen, um auf anderen Plattformen Fuß zu fassen.

» Sei der erste wenn es darum geht neue Funktionen und Features zu testen. Auch im Rahmen einer Betaversion. Die Plattformen sind nämlich immer danach bestrebt, populäre neue Funktionen einzuführen. Aus diesem Grund bevorzugt der Algorithmus Beiträge mit neuen Funktionen, damit diese bei so vielen Nutzern wie möglich angezeigt werden.

2.8 Mache nicht diese Fehler im Umgang mit Hatern

Hater gehören bei jedem Social Media Auftritt dazu. Es wird immer Leute geben, die etwas Negatives in den Kommentaren auszusetzen haben. Nun gibt es zwei Wege, wie du damit umgehen solltest:

» Wenn es sich um leichte und berechtigte Kritik handelt, dann kannst du den Kommentar stehen lassen und einfach deine Stellungnahme in einem Kommentar dazu äußern. So besteht sogar die Wahrscheinlichkeit, dass aus dem

Hater ein treuer Follower und Kunde wird.

» Bei schwerer und unberechtigter Kritik, die sich zum Beispiel einfach nur gegen deine Person richtet, solltest du den Kommentar schnellstmöglich löschen. Hier bringt nämlich eine Stellungnahme nichts und bewirkt schlimmstenfalls eine weitere Eskalation.

2.9 Mit profitablen Werbeanzeigen automatisiert Neukunden gewinnen und Umsätze um das x-fache skalieren

Bezahlte Werbung macht es dir möglich, kontrolliert und automatisiert Neukunden wie am Laufband zu generieren. Ja, das ist möglich. Im Endeffekt funktioniert bezahlte Werbung auf Social Media nach dem folgenden System:

Du gibst x Euro für Werbung aus, um y*x Euro an Umsatz/Gewinn zu erwirtschaften. Bei diesem kontrollierbaren System spricht man im Marketingjargon von Performance Marketing.

Wie groß y sein wird hängt von zwei wesentlichen Faktoren ab:

» Welche Preispolitik verfolgst du? Bei hochpreisigen Produkten wirst du generell y höher gestalten können, als bei Produkten, die du für wenige Euro verkaufst. In diesem Fall gehst du über die Masse, sodass ein kleines y (solange über 1) ausreichen wird, um hohe Gewinne einzufahren.

» Der wesentlichere Faktor: Wie gut funktioniert dein System? Sprich wie durchdacht ist dein Marketing-Funnel? Wie gut kannst du verkaufen? Wie sorgfältig hast du die

Marketinggrundlagen erarbeitet?

Und natürlich hängt der Erfolg deiner Ad Performance davon ab, ob du bezahlte Werbung richtig einsetzt. Wie du bezahlte Werbung optimal für deinen Zweck umsetzen kannst, erfährst du in den folgenden Kapiteln.

2.10 Diese Vorteile und Nachteile solltest du abwägen, bevor du Ads schaltest (inkl. Empfehlung)

Bezahlte Werbung kann Wunder in Bezug auf die Automatisierung und Skalierung deiner Einnahmen bewirken. Doch nicht alles, was glänzt, ist Gold. Genauso solltest du die Nachteile im Kopf haben, bevor du bezahlte Werbung einsetzt.

Fangen wir mit den Vorteilen an.

Vorteil 1: automatisierte Kundengewinnung

Du musst niemanden anschreiben oder x Beiträge auf deiner Seite veröffentlichen, um Interessenten zu generieren. Alles, was du tun musst, ist eine Werbekampagne mit einigen Werbeanzeigen einmalig aufzusetzen und das System zum Laufen zu bringen. Danach brauchst du dir nie wieder Gedanken über neue Interessenten zu machen.

Vorteil 2: Skalierung durch kontrollierbares System möglich

Sobald du das Marketing-System einmal erfolgreich integriert hast, lässt es sich um das x-fache durch die Erhöhung des Werbebudgets bis zu einem gewissen Limit skalieren. Ab einem gewissen Punkt musst du weitere Strategien einsetzen, wie z. B. Brand Marketing oder den Ausbau deiner organischen Präsenz. Solange du aber nicht mindestens hohe 5-stellige bzw. niedrige 6-stellige Monatsumsätze mit bezahlter Werbung generierst, hast du das System auf jeden Fall nicht komplett ausgeschöpft, und du brauchst dir auf jeden Fall keine Gedanken über andere Marketing Methoden machen.

Vorteil 3: Du kannst deine Zielgruppe genau ansteuern

Bezahlte Werbung auf Social Media bietet dir den Vorteil, dass du deine Zielgruppe sehr genau aussuchen kannst. Somit kannst du von Anfang an sicherstellen, dass du nur wirklich für dich relevante Interessenten ansprichst. So sparst du enorm viel Zeit und Geld im Vergleich zu konventionellen Werbemethoden wie Flyer- oder TV-Werbung.

Nachteil 1: Es kostet dich Geld

Anders als bei der MN-Strategie oder dem organischen Contentmarketing, musst du bei bezahlter Werbung Geld in die Hand nehmen. Soweit so klar. Doch von welchen Budgets sprechen wir?

Bezahlte Werbung funktioniert nach dem Gebotsprinzip. Das heißt, derjenige, der am meisten auf eine bestimmte Zielgruppe bietet, wird (oben) gelistet. Die anderen bekommen keine Sichtbarkeit. Social Media Marketing ist noch am Wachsen – ja. Allerdings kommen immer mehr Unternehmer und Unternehmen auf die Idee, das System der bezahlten Werbeanzeigen für sich zu nutzen. Deshalb benötigst du definitiv mehr als 1€ Budget am Tag, um erfolgreich durchzustarten. Natürlich hängt das stark von deiner Nische, deiner Zielgruppe und der Plattform ab. Allerdings solltest du damit rechnen, dass du am Anfang mindestens 3-stellige Summen pro Monat investieren solltest, um erste Ergebnisse zu erzielen.

Nachteil 2: Du brauchst Geduld

Du solltest nicht mit der Erwartungshaltung reingehen, dass du von Tag 1 Neukunden am Fließband serviert bekommst. Es kann vorkommen. Allerdings braucht der Prozess in der Regel einige Zeit, bis Nutzer mehrmals deine Anzeige gesehen haben und sie endlich nach dem x-ten Mal anklicken. Genauso muss sich der Facebook-Algorithmus auf deine Kampagne einspielen. Dieser optimiert sich nämlich automatisch mit der steigenden Anzahl an vorhandenen Daten zu deinen Werbeanzeigen.

Nachteil 3: Du solltest die Infrastruktur deines Unternehmens erweitern

Klar kannst du bezahlte Werbeanzeigen problemlos bis zu einem gewissen Grad skalieren und so mehr und mehr Neukundenanfragen generieren. Doch ist die Infrastruktur deines Unternehmens auf die Skalierung vorbereitet?

Was ich damit meine?

Wenn es dein Geschäftsmodell ist, preisgünstige Produkte in Massen zu verkaufen, dann solltest du darauf achten, dass du viele Prozesse durch entsprechende IT-Lösungen automatisierst und so eine Skalierung mit mehr Neukunden ermöglichst.

Wenn du hochpreisige Dienstleistungen oder Produkte verkaufst, dann kannst du viele Prozessschritte auch per Software automatisieren: z. B. deine Buchhaltung oder gewisse Bestandteile deiner Dienstleistung wie Coachingvideos, die du auf einer für die Kunden zugänglicher Plattform integrieren kannst. Außerdem wirst du früher oder später Mitarbeiter für delegierbare Aufgaben einstellen müssen. Dazu zählen am Anfang vor allem administrative Aufgaben.

Empfehlung: Das empfiehlt Ihnen der Online-Marketingprofi

Wenn du noch im Aufbau deines Geschäftsmodells bist, dann sind bezahlte Werbeanzeigen noch nicht relevant für dich. Du wirst in der Regel nur Geld verbrennen, da deine Marketing- und Verkaufsprozesse in der Regel noch nicht zu 100 % abgestimmt sein werden. Deshalb solltest du dich auf Kaltakquise und Content Marketing fokussieren. Sobald du aber einen Proof of Concept erreicht hast und ein dreistelliges Budget für Werbung zur Verfügung hast, dann spricht nichts dagegen, mit bezahlter Werbung zu beginnen.

2.11 Diese Strategien für bezahlte Werbeanzeigen solltest du kennen

Zunächst gelten bei bezahlten Werbeanzeigen immer die folgenden drei Grundsätze:

1.) Einfachheit über Komplexität

Damit ist gemeint, dass eine einfache Kampagnenstruktur, die meisten Erfolge einfahren wird. Vor allem am Anfang ist eine unnötige Komplexität nicht notwendig und schafft eher das Gegenteil. Wenn du die gleich genannten drei Kampagnentypen bei dir umsetzt, wird es ausreichen. Später kannst du dann immer noch weitere Kampagnen aufnehmen und testen, ob diese dir höhere Gewinne einbringen.

2.) Dopplungen ausschließen

Damit Werbeanzeigen sich nicht gegenseitig in die Quere kommen, solltest du stets Dopplungen ausschließen. Das betrifft vor allem die targetierten Keywords oder die targetierte Zielgruppe. Sonst treibst du unnötigerweise die Gebote in die Höhe, weil deine Anzeigen sich gegenseitig überbieten.

3.) Genauigkeit vor Allgemeinheit

Je genauer deine Kampagne bzw. Werbeanzeige auf deine Zielgruppe ausgerichtet ist, desto besser wird sie konvertieren und eine bessere Profitabilität aufweisen.

Kommen wir nun zu den Strategien, nach denen du deine Kampagnen und Werbeanzeigen ausrichten solltest. Wichtig für das Verständnis: eine Kampagne kann verschiedene Werbeanzeigen enthalten, welche sich allerdings nach der Kampagnenstrategie richten sollten.

Kampagnenstrategie „genau"

Die erste Kampagne sollte stets eine „genau" ausgerichtete Kampagne sein. Und zwar ist dabei gemeint, dass du selbstständig eine Keyword- bzw. eine Zielgruppenanalyse durchführen solltest, um so die Kampagne exakt danach auszurichten. Dafür kehren wir wieder auf die Marketinggrundlagen zurück. Die Punkte daraus werden hier 1:1 benötigt. Identifiziere also deinen Wunschkunden und leite daraus Kundenavatare ab. Anhand dieser wirst du exakt deine gewünschte Zielgruppe bei denen Anzeigen targetieren können. Hier empfiehlt es sich, für jeden Kundenavatar eine eigene Werbeanzeige aufzusetzen. Das heißt: Wenn zu deiner Zielgruppe zum Beispiel Rechtsanwälte und Steuerberater gehören, dann solltest du zwei verschiedene Werbeanzeigen in deiner Kampagne aufsetzen, die jeweils auf eine Zielgruppe ausgerichtet sind. Das heißt wiederum: Deine Marketingmessage sollte exakt auf deine Zielgruppe ausgerichtet sein. Genaueres erfährst du im nächsten Kapitel. Auf diese Kampagnenstrategie sollte der Großteil deiner Aufmerksamkeit gerichtet sein.

Kampagnenstrategie „breit"

Zusätzlich zur genauen Kampagnenstrategie kannst du eine „breit" aufgestellt Kampagne erstellen. Und zwar handelt es sich um zusätzliche Zielgruppen, die an deinem Angebot interessiert sein könnten. Hier solltest du allerdings deine Marketingmessage und deinen Marketing-Funnel allgemein und nicht zielgruppenspezifisch ausrichten.

Kampagnenstrategie „automatisch"

Zusätzlich zu den be den zuvor erläuterten Kampagnen kannst du eine „automatische" Kampagne einstellen. Diese Strategie eignet sich, wenn du neben den von dir erarbeiteten Zielgruppen weitere Kundensegmente entdecken möchtest, die du eventuell noch gar nicht auf dem Radar hast. Diese Kampagne wird in der Regel die schlechteste Profitabilität aufweisen, da die Streuung sehr hoch und die Relevanz deiner Aussagen in der Werbeanzeige eher gering sein werden.

Mit der Zeit solltest du die Zielgruppen, die konvertieren, in deine genaue Kampagne aufnehmen und aus der automatischen Kampagne ausschließen.

Kampagnenstrategie „Retargeting"

Diese Kampagnenausrichtung solltest du bei jeder der oben genannten Strategie zusätzlich anwenden. Uns zwar solltest du Nutzer, die zum Beispiel auf deine Website bzw. Landingpage gegangen sind und nicht konvertiert haben, am besten mit einer etwas anderen Werbeanzeige konfrontieren. Am besten eine, die weitere Informationen und Vorteile zu deinem Angebot und deinem Unternehmen enthält. Weitere Testimonials bewirken auch einen positiven Effekt. Wie bereits mehrmals angesprochen, benötigen manche Personen mehrere Kontaktpunkte mit einem Angebot, bevor sie kaufen.

2.12 Mit dieser Schritt-für-Schritt Anleitung zu profitablen Werbeanzeigen

Bei jeder Plattform wirst du beim Einstellen deiner Kampagnen und Werbeanzeigen auf verschiedene Möglichkeiten stoßen. Was sich jeweils unter den Möglichkeiten verbirgt und wie du sie am besten einstellst, erfährst du in diesem Kapitel.

Marketingziele festlegen

Der Algorithmus jeder Plattform greift nicht nur bei organischen Beiträgen, sondern auch bei bezahlten Werbeanzeigen. Und zwar verdient jede Plattform mit Werbeanzeigen Geld. Aus diesem Grund ist das Bestreben jeder Plattform die Werbeanzeigen so erfolgreich wie möglich auszurichten, damit diese möglichst lange vom Werbetreibenden ausgestrahlt werden. Je nach dem welches Marketingziel ausgewählt wird, wird der Algorithmus die Werbeanzeigen dementsprechend ausrichten und optimieren. Deshalb mach dir im Vorfeld Gedanken, was du genau mit deinen Kampagnen erreichen willst. Möchtest du mehr Abonnenten für deine Seite bekommen oder möglichst oft ein Produkt verkaufen? Im Rahmen des Performance Marketing empfiehlt es sich in der Regel „Conversion“ als Marketingziel auszusuchen. Denn nur so kannst du ein kontrollierbares System, das dir für x €, y*x € liefert. Ziele wie Sichtbarkeit (Impressionen) oder Leads empfehlen sich im Rahmen des Brand Marketings. Das schauen wir uns etwas später an.

Zielgruppe auswählen

Wie bereits im Vorkapitel besprochen, solltest du deine Zielgruppe im Detail kennen und verstehen und am besten jede Werbeanzeige auf die Bedürfnisse, Probleme, Wünsche, Ziele und die Sprache der Zielkunden ausrichten. Bei jeder Plattform kannst du anhand der Auswahlmöglichkeiten sehr stark die Zielgruppe definieren. Außerdem empfehle ich dir, immer nachdem sich einige Conversions ergeben haben, eine Look-A-Like Audience zu errichten. Bei einer Look-A-Like Audience handelt es sich um eine von der Plattform erstellte Zielgruppe, die den konvertierten Nutzern ähnelt. So optimierst du deine Anzeige, da sie nur noch Menschen angezeigt wird, die wahrscheinlich dein Angebot kaufen werden.

Marketingbudget wählen

Plane dir ein monatliches Budget ein, das du ohne Probleme in Werbung investieren kannst. Du brauchst nicht direkt mit mehreren tausenden Euro reingehen. Allerdings sollte dein monatliches Budget auch nicht zu niedrig sein, da sonst deine Anzeigen nach einer kurzen Dauer nicht mehr ausgestrahlt werden. Wähle ein besten ein Monatsbudget im niedrigen dreistelligen Bereich aus und hebe es nach und nach an, wenn du die ersten Erfolge damit verzeichnen konntest. Wie gesagt, das Ziel ist ein kontrollierbares System aufzustellen, bei dem du aus x €, y*x € zurückbekommst.

Sobald du dich für ein Monatsbudget festgelegt hast, solltest du es auf einen Tageswert herunterbrechen, denn das ist der Wert, den du ins System eingeben kannst.

Gebote einstellen

Auf jeder Plattform gibt es verschiedene Gebotsvarianten. Insgesamt unterscheiden sie sich dadurch, indem die Gebotshöhe auf verschiedene Arten begrenzt bzw. variabilisiert wird. Am Anfang jeder Kampagne empfehle ich stets, die Gebotshöhe manuell ohne jegliche Anpassung durch die Plattform festzulegen. Denn zu Beginn liegen kaum Daten für eine Selbstoptimierung durch den Algorithmus vor. Bevor dann der Algorithmus anhand unzureichender und möglicherweise nicht repräsentativer Daten eine Optimierung vornimmt, solltest du stets selbst eine Vorgabe machen. So wirst du auch eine größere Kontrolle über die Ausgaben haben. Nachdem einige Conversions erreicht wurden, kannst du die Gebote variabilisieren und eine Optimierung durch den Algorithmus zulassen.

Eins ist noch wichtig anzumerken: Wenn du eine Gebotshöhe manuell festlegst, dann handelt es sich um ein maximales Gebot. Da es sich bei der Vergabe von Werbeplätzen immer um eine Auktion handelt, kann es dementsprechend vorkommen, dass deine Werbeanzeige den Werbeplatz auch für eine geringere Summe ersteigert.

Platzierungen auswählen

Bei jeder Plattform kannst du deine Werbeanzeige an unterschiedlichen Stellen ausstrahlen. Hier kann ich dir ganz klar die Empfehlung geben: Fokussiere dich zu Beginn auf die Hauptanzeigenart.

Bei Instagram ist es zum Beispiel ein Beitrag im Feed und bei YouTube ist es eine Videoanzeige vor dem Video. Das sind auch Platzierungen, die in der Regel 80-90 % des Traffics ausmachen.

Sobald du diese Platzierung profitabel nutzt, kannst du zur Erweiterung deiner Sichtbarkeit weitere Platzierungen beanspruchen.

Art der Werbeanzeigen

Generell kann ich dir folgende Empfehlungen für die Art der Anzeigen geben:

» Eine Videoanzeige liefert die besten Ergebnisse, da du in einem Video leichter Emotionen vermitteln kannst. Und Emotionen sind das A&O im Verkauf. Allerdings darf es sich um kein langweiliges Video mit einem Vortrag handeln. Wende hier ebenfalls die Methode des Storytellings an. Wie du dein Inhalt verkaufstechnisch ausrichtest, erfährst du beim nächsten Punkt.

» Untertitel bei Videoanzeigen (zumindest bei den Kernaussagen) steigern die Conversionrate. Deshalb stelle unbedingt sicher, dass du Untertitel bei deiner Videoanzeige einbaust.

» Bildwerbeanzeigen machen auch Sinn, wenn du Follow-Up-Anzeigen betreibst. In diesem Fall kannst du nämlich sehr stark davon ausgehen, dass der Interessent bereits mit dem Inhalt vertraut ist. Es fehlen eben nur noch einige Kontaktpunkte, bis er sich für einen Kauf entscheidet.

» Langer Beschreibungstext ist stets einem kurzen Anzeigentext vorzuziehen. Wenn jemand nicht interessiert ist, dann wird er weder einen kurzen noch einen langen Text lesen. Wenn der Nutzer allerdings interessiert ist, dann wird er den Text lesen. Und bei einem langen Text hast du mehr Möglichkeiten, den Nutzer zu überzeugen.

So sollte der Inhalt deiner Anzeige strukturiert sein

Sowohl dein Video als auch der Beschreibungstext sollten verkaufstechnisch optimiert sein. Denn im Endeffekt machst du mit deiner Werbeanzeige nichts anderes, als das Angebot zu verkaufen. Zudem ist der wesentliche Erfolgsfaktor einer Werbeanzeige, wie kreativ und einzigartig diese ist. Deshalb überlege dir, welche kreativen Elemente du einbauen kannst. Behalte natürlich im Hinterkopf, dass das Gesamtbild den Erwartungen deiner Zielgruppe entspricht. Insgesamt sollte deine Anzeige diese Punkte aufgreifen.

1.) Attention wecken

Wie bereits im letzten Kapitel erwähnt, spielen die ersten Sekunden eine sehr wichtige Rolle, ob ein Nutzer sich den gesamten Beitrag anschaut oder nicht. Deshalb solltest du in den ersten Sekunden seine volle Aufmerksamkeit auf deinen Beitrag ziehen. Mache etwas Ungewöhnliches, sei energievoll und emotional und tritt aus der Masse hervor, um das Interesse zu wecken. Wenn dir nichts einfallen sollte, dann kannst du immer noch einfach „STOP“ rufen und danach direkt mit dem nächsten Punkt fortfahren.

2.) Zielgruppe

Benenne in deinem Beitrag ganz klar, an wen sich dein Angebot richtet. So schaffst du sehr hohe Relevanz für die Person, die sich den Beitrag anschaut. Natürlich musst du sicherstellen, dass deine Anzeige der richtigen Zielgruppe angezeigt wird.

3.) Probleme aufgreifen

Verkaufen passiert über Emotionen. Deshalb solltest du beim Interessenten so viele Emotionen und Gefühle wie möglich hervorrufen. Aus diesem Grund solltest du die Probleme ansprechen, die ein möglicher Interessent hat. Diese kannst du so emotional und so detailliert wie möglich beschreiben. So erweckst du einen Handlungsbedarf beim Interessenten.

4.) Positive Zukunft

Natürlich solltest du den Interessenten jetzt nicht mit seinem Problem dasitzen lassen. Male zunächst die positive Zukunft aus. Wie würde eine Zukunft ohne die jeweiligen Probleme aussehen? Was nun passiert, ist, dass die Person auf der einen Seite negative Emotionen und einen Schmerz aufgrund der Probleme verspüren wird. Auf der anderen Seite wird sich die Person nach der positiven Zukunft sehnen, in der der Schmerz und die Probleme nicht länger vorhanden sind. Das ist der Zustand, bei dem eine Person sehr offen für Lösungsansätze ist.

5.) Dein Angebot

Nun solltest du dein Angebot pitchen. Zeige auf, warum das Angebot perfekt geeignet ist, um die Probleme zu lösen. Konzentriere dich vor allem auf die Vorteile. Dabei solltest du nicht nur rational betrachtet harte Fakten nennen, sondern versuche, auf der emotionalen Ebene zu bleiben und jeden Vorteil so greifbar wie möglich für die Person zu machen.

6.) Über sich bzw. über dein Unternehmen

Wichtig ist, dass eine Person nicht nur ein Produkt bzw. eine Dienstleistung kauft, sondern auch dich bzw. dein Unternehmen. Deshalb stelle sicher, dass du dich bzw. dein Unternehmen ins richtige Licht stellst, damit die Kompetenz zur Lösung des Problems eindeutig sichtbar wird. Verweise auch gerne auf Auszeichnungen, Qualifikationen usw.

7.) Rezensionen/Testimonials

Das stärkste Kaufargument ist und bleibt immer eine Bestätigung des Erfolgs des Produkts (=Social Proof). Deshalb verweise stets auf die Ergebnisse deiner Kunden. Du kannst sogar die Kunden in dem Video integrieren und ihre positive Erfahrung ebenfalls im Video teilen.

8.) CTA (Call-to-Action)

Vergiss nicht am Ende und am besten nach jedem der Punkte einen CTA einzubauen. Je früher du darauf aufmerksam machst, dass die Person eine bestimmte Handlung ausführen soll, desto höher ist die Wahrscheinlichkeit, dass die Person es umsetzt. Verkaufe dabei immer nur den nächsten Schritt.

9.) Richtlinien

Beim Erstellen deiner Werbeanzeigen solltest du stets die Richtlinien der jeweiligen Plattform beachten. Ansonsten droht dir nicht nur die Sperrung der Anzeige, sondern unter Umständen des gesamten Werbekontos. Aus diesem Grund empfehle ich dir, mehrmals die Richtlinien durchzulesen und zu verinnerlichen.

Testen

Es ist noch nie ein Meister vom Himmel gefallen! Deshalb solltest du deine Werbeanzeigen testen, um Rückschlüsse ziehen zu können, welche Teile deiner Werbeanzeigen bereits sehr gut ausgerichtet sind und welche du noch optimieren solltest. Was heißt das genau?

Um validierte Aussagen ableiten zu können, muss man immer eine Variable isoliert betrachten. Das heißt nicht, dass du zwei komplett unterschiedliche Kampagnen gegeneinander testen solltest. So wirst du zwar sehen, welche der Kampagnen besser funktioniert, aber nicht das „Warum“ dahinter verstehen, um dann bei der nächsten Kampagne alles von Anfang an perfekt zu machen.

Deshalb erstelle zweimal die gleiche Werbeanzeige und ändere eine Variable ab. Verfasse zum Beispiel einen unterschiedlichen Beitragstext, ein anderes Video, ein anderes Bild oder leite die Person auf eine andere Landingpage. So wirst du effektiv Rückschlüsse über die Wirksamkeit von den einzelnen Komponenten herausfinden. Bei den meisten Plattformen kannst du solche Tests ganz komfortabel über das A/B Testing machen. Die Plattform spielt dann die beiden Werbeanzeigen jeweils unterschiedlichen Nutzern aus.

2.13 So optimierst du deine Werbeanzeigen, damit sie dauerhaft funktionieren

Die absolute Summe deiner Werbeausgaben ist nichtssagend. Am Ende des Tages willst du mit Werbeanzeigen auf Social Media ein System etablieren, bei dem du x € in Werbung investierst und sicher sagen kannst, dass du y*x € damit einnimmst. Deshalb gilt es, einige Kennzahlen zu kennen, sie auszuwerten und zu optimieren. Wichtig sei angemerkt, dass der Name der Kennzahl sich von Plattform zu Plattform ändern kann.

- ✓ Impressionen und Reichweite
- ✓ CTR (Click-Through-Rate)
- ✓ Ergebnisrate

- ✓ Cost per Conversion (Kosten pro Ergebnis)
- ✓ ROAS (Return on Advertising Spend)

Impressionen und Reichweite

Was die Kennzahlen Impressionen und Reichweite sind, haben wir bereits zu Beginn des Buches behandelt.

Wieso sind diese Kennzahlen bei bezahlten Werbeanzeigen wichtig?

Wenn dein Budget nicht ausgegeben wird, dann wirst du das zum einen daran sehen, dass du keine Anfragen oder Verkäufe generierst. Zum anderen wirst du das an einer niedrigen und nicht steigenden Impressionen- und Reichweitenanzahl sehen. Genauso wenn deine Reichweite bzw. deine Impressionen plötzlich einbrechen. Bei beiden Punkten liegen die folgenden Dinge zugrunde:

- ✓ Dein Gebot ist zu gering, sodass deine Werbung nicht ausgestrahlt wird. In diesem Fall solltest du die Gebotshöhe bzw. dein Budget erhöhen.
- ✓ Die Plattform stuft deine Anzeigen als nicht relevant für die targetierte Zielgruppe ein. Bei diesem Fall solltest du überprüfen, ob deine Inhalte für die Zielgruppe relevant sind.

CTR (Click-Through-Rate)

Die Click-Trough-Rate oder kurz CTR gibt dir das Verhältnis zwischen den Interaktionen bzw. den Klicks auf deine Anzeige (abhängig von deinem Marketingziel) und den Impressionen an

$$\frac{Anzahl\ Interaktionen\ bzw.\ Clicks}{Anzahl\ Impressionen} = CTR$$

Je höher der CTR, desto besser. Leider ist eine pauschale Aussage in Bezug auf die perfekte Höhe nicht möglich, da sie abhängig von deinem Marketingziel, deinem Angebot, deiner Nische, deiner Marge usw. ist.

Wenn der CTR sehr gering ist, dann solltest du deine Werbeanzeige unter die Lupe nehmen, denn der Beitrag, der Beitragstext oder der CTA konvertieren nicht. Das heißt: Analysiere diese Dinge. Ändere dabei am besten nur eine Variable und schau, wie sich der CTR weiterentwickelt.

Steigt der CTR, dann hast du alles richtig gemacht.

Sinkt er, dann hast du auf jeden Fall die falsche Variable verändert und solltest diese zurücksetzen und eine andere Variable ändern.

Bleibt der CTR gleich, dann weißt du ebenfalls, dass du die falsche Variable geändert hast. Du kannst die geänderte Variable beibehalten oder wieder zurücksetzen.

Wenn du alle Variablen ausgetauscht hast und der CTR sich nicht ändert, dann solltest du dir Gedanken zu deiner Zielgruppe machen. Passt dein Angebot zum Problem deiner Zielgruppe?

Ergebnisrate

Vorab: Wenn dein Ergebnis mit einem Klick auf die Werbeanzeige vollendet ist, dann spielt die Kennzahl keine Rolle für dich.

Wenn dein Marketing-Funnel daraus besteht, die Nutzer auf eine

Website oder eine Landingpage zu leiten, damit sie sich dort z. B. für eine Beratung eintragen oder über deinen Online-Shop etwas bestellen, dann solltest du die Ergebnisrate näher betrachten. Dafür solltest du ebenfalls den CTR zur Auswertung hinzuziehen.

Die Ergebnisrate gibt dir das Verhältnis zwischen den Impressionen und dem gewünschten Ergebnis deiner Anzeige (in Bezug auf das Marketingziel) an.

$$\frac{Anzahl\ der\ Ergebnisse}{Anzahl\ Impressionen} = Ergebnisrate$$

Je höher die Ergebnisrate, desto besser. Leider ist eine pauschale Aussage in Bezug auf die perfekte Höhe nicht möglich, da sie abhängig von deinem Marketingziel, deinem Angebot, deiner Nische, deiner Marge usw. ist.

Wenn dein CTR hoch genug, aber deine Ergebnisrate sehr gering ist, dann hat das zur Folge, dass deine Werbeanzeige auf Facebook zwar funktioniert, allerdings stimmt der restliche Prozess im Marketing-Funnel nicht. Deshalb solltest du die folgenden Gegenmaßnahmen treffen:

- ✓ Analysiere den Prozess der Konvertierung auf deiner Website. Wird der Kunde von A nach B (Ergebnis) ohne Umwege und verständlich geleitet?
- ✓ Sind deine Texte verkaufstechnisch optimiert? Sprichst du also klar und verständlich das Problem an und präsentierst du dementsprechend richtig dein Angebot? Schaffst du Knappheit und einen „Zeitdruck", damit der Kunde sofort

handelt?

- ✓ Hast du genügend CTAs eingebaut?
- ✓ Schaffst du genügend Sicherheit beim Nutzer? Dazu zählen: Rezensionen, Fallstudien usw.

Cost per Conversion (Kosten pro Ergebnis)

Bei den Kosten pro Ergebnis bzw. Conversion handelt es sich um einen durchschnittlichen Wert, den du pro erfolgreicher Conversion zahlst.

In anderen Worten: Wie viel zahlst du pro Kunde für eine Kundenanfrage (wenn das Ziel deiner Werbeanzeige eine Eintragung auf deiner Website ist) oder einen Kauf (wenn das Ziel der Verkauf eines Produktes im Onlineshop ist)?

Somit stellt es eine der wesentlichen Kennzahlen dar, um über den Erfolg deiner Werbung zu urteilen.

Wenn es sich bei dir bei der Conversion um einen direkten Verkauf handelt, dann kannst du hier genau feststellen, ob und in welchem Verhältnis deine Werbung profitabel läuft. Wenn deine Produkte im Durchschnitt eine Marge nach allen anderen variablen Kosten von 1€ abwerfen, du aber 2€ pro Conversion für Werbung bezahlst, dann musst du auf jeden Fall deine Ergebnisrate und deinen CTR erhöhen, sonst wird die Werbung nicht profitabel sein.

Wenn bei dir eine Conversion zunächst nur eine Kundenanfrage darstellt, dann solltest du weitere Daten sammeln. Und zwar wie viele Kundenanfragen am Ende zu zahlenden Kunden führen. Wenn du die Kundenanfragen nur in einem geringen Verhältnis abschließt, solltest du auf jeden Fall verkaufen üben und dein

Verkaufsgespräch optimieren. Wenn deine Abschlussquote hoch ist, die Werbeanzeigen aber nicht profitabel sind, dann solltest du deine Ergebnisrate und deinen CTR erhöhen, damit die Werbeanzeigen profitabel werden.

Wenn du in der Hinsicht nicht weiter optimieren kannst, dann solltest du versuchen deinen ROAS zu steigern. Was der ROAS ist, erfährst du im nächsten Kapitel.

ROAS (Return on Advertising Spent)

Der ROAS, also Return on Advertising Spent, zeigt das Verhältnis zwischen dem durch Werbung generierten Umsatz und den ausgegebenen Werbekosten an.

$$\frac{Umsatz}{Werbekosten} = ROAS$$

Dein langfristiges Ziel sollte sein, den ROAS so hoch wie möglich zu halten. Der ROAS gibt im Endeffekt an, wie viel du mit 1€ Werbebudget an Umsatz in € generierst.

Um den ROAS zu erhöhen, bieten sich zwei Möglichkeiten an:

a. Bei gleichbleibendem Umsatz die Werbekosten senken.
b. Bei gleichbleibenden Werbekosten den Umsatz steigern. Oder: Die Umsatzsteigerungen sollten zumindest in einem höheren Verhältnis steigen.

Variante a. sollte erst weiter betrachtet werden, wenn du deinen Marktanteil in einem Marktsegment nicht mehr weiter durch größere Werbeausgaben steigern kannst. Dann solltest du bei gleichbleibendem Umsatz die Werbekosten senken. Oder du erschließt neue

Marktsegmente.

Variante b. solltest du somit nutzen, wenn dein Marktanteil in einem Marktsegment noch nicht vollständig ausgeschöpft ist. Ein Zeichen dafür, dass du zu Variante a. wechseln solltest, liegt normalerweise vor, wenn eine Erhöhung der Werbeausgaben nicht mehr zu einem überproportionalen Umsatzwachstum führt.

2.14 Wenn du diese eine Sache meisterst, wirst du so den Erfolg deiner Werbung vervielfachen

Deine Werbung kann auch so gut sein und dir unendlich viele Kundenanfragen generieren. Wenn du am Ende des Tages die Kundenanfragen nicht in zahlende Kunden umwandelst, werden sich deine Marketingmaßnahmen nicht rentieren. Du wirst also einfach Geld verbrennen. Deshalb stelle sicher, dass du nicht nur deine Marketingfähigkeiten mit diesem Buch ausweitest, sondern auch Verkaufen meisterst.

Leider zählt Verkaufen in unserer deutschen Kultur nicht zu den besten Tugenden. Verständlich: 95 % der Verkäufer können nicht richtig verkaufen. Ohne überhaupt das Kundenproblem zu verstehen, wird einem nahezu überall versucht irgendetwas „anzudrehen“. Heb dich bei diesem Punkt ab.

Lerne die Probleme deiner Kunden kennen und richte dein Angebot an diesen Punkten aus. Solange das Problem des Kunden durch dein Produkt oder deine Dienstleistung gelöst wird, solltest du alles Mögliche dafür tun, um den Kunden von deinem Angebot zu überzeugen. Oder willst du etwa, dass der Schmerz des Kunden weiterhin bestehen bleibt, bis ein Konkurrent dem Kunden sein Produkt verkauft? Das solltest du um jeden Preis vermeiden. Deshalb investiere ebenfalls in Verkaufsfähigkeiten!

Wenn du Verkaufen meisterst, dann wirst du feststellen, dass die Profitabilität deiner Werbung um das Vielfache zunehmen wird.

2.15 Wie du deine Nische dominierst und eine außerordentlich bekannte Brand aufbaust!

Sobald du dich auf einer Plattform etabliert hast, solltest du deine Online-Präsenz auf weiteren Plattformen ausbauen. So festigst du langfristig deine Brand (Marke) und erreichst weitere Zielgruppen. Dabei wirst du merken, dass der Ausbau deiner Reichweite auf weiteren Plattformen viel schneller gehen wird, da du deine bestehende Reichweite auf einer Plattform für einen Boost ideal nutzen kannst.

Warum ist es von Vorteil auf mehreren Plattformen präsent zu sein?

Plattformen unterscheiden sich in der Regel in der Art von Beiträgen. Zum Beispiel ist die Hauptbeitragsart auf YouTube das Video oder der Livestream. Das wird von der heutigen Generation als Fernsehersatz gesehen, um neben dem Essen usw. sich Videos anzuschauen. Instagram wird eher zwischendurch in den Pausen oder unterwegs genutzt, um sich kurz über die neuesten Geschehnisse aus seinem Netzwerk zu informieren. Je mehr Plattformen du besetzt, desto „allgegenwärtiger“ wirst du für Nutzer. Das ist der erste wichtige Schritt, um eine bekannte Marke in deiner Nische aufzubauen.

Zusätzlich kannst du deinen Content erweitern und durch ein

unterschiedliches Format neue Themenbereiche aufnehmen. So wirst du dir mit der Zeit immer mehr und weitere Marktanteile sichern.

Bei bezahlten Kampagnen werden sich deine Anzeigen ebenfalls grundlegend im Rahmen des Brand Marketings im Vergleich zum Performance Marketing unterscheiden. Beim Brand Marketing geht es eher darum bei Nutzern ein Markenbewusstsein zu schaffen, damit sich Personen langfristig mit deinem Unternehmen und deiner Marke identifizieren. Erstelle eine Vision, verknüpfe deine Brand mit gewissen Werten, erschaffe einen Kult um deine Marke und kommuniziere diese in Form von mitreißenden Geschichten nach außen, um noch mehr Personen davon zu begeistern. Überlege zudem wie du einen unverwechselbaren Wiedererkennungswert durch Alleinstellungsmerkmale ausarbeitest und differenziere dich grundlegend von deiner Konkurrenz. Ebenfalls solltest du versuchen, für deine Zielgruppe allgegenwärtig zu sein. Das heißt konkret: schalte verschiedene Anzeigenformate mit verschiedenen Inhalten auf verschiedenen Plattformen, und verfolge die Nutzer mit deinen Anzeigen kontinuierlich über eine längere Zeitdauer. Klar sollte dir auch sein, dass die Profitabilität deiner Anzeigen nicht 1:1 zuordenbar sein wird. Wenn du Branding aber richtig betreibst, dann wirst du langfristig einen spürbaren Zuwachs an Umsätzen verspüren.

Als bestes Beispiel für erfolgreiches Branding lässt sich hier das Unternehmen Apple anführen. Obwohl hardwareseitig sich das iPhone nur noch kaum von chinesischen Herstellern wie Huawei oder Xiaomi unterscheidet, ist Apples iPhone deutlich erfolgreicher. Der Grund: Apple hat das Prinzip vom Branding verstanden.

Allerdings solltest du auf keinen Fall mit bezahlten Werbeanzeigen im Rahmen des Performance Marketings aufhören. „Never change a running system". Behalte das System bei. Was du allerdings integrieren kannst, sind etwas allgemein gehaltene Werbeanzeigen, die auf Branding abzielen. So baust du ebenfalls deine Präsenz aus.

2.16 Diese angepriesenen Strategien solltest du um jeden Preis meiden!

Immer wieder wird im Netz dazu geraten, auf bezahlte Strategien auszuweichen, die auf den ersten Blick lukrativ erscheinen. Allerdings solltest du von diesen die Finger weglassen, da sie langfristig nur das Gegenteil bewirken als dir einen Mehrwert zu liefern. Es handelt sich vor allem um die folgenden beiden Strategien:

1.) Zukauf von Reichweite: Es gibt unzählige Anbieter, die für nahezu jede Plattform Reichweite bzw. Follower gegen Bezahlung anbieten. In den meisten Fällen handelt es sich um Accounts aus Drittländern (Indien, Pakistan..), die weder zu deiner Zielgruppe passen noch wirklich aktiv sind und so insgesamt aus Sicht des Algorithmus deine Reichweite verschlechtern. Wenn nämlich nur ein geringer Anteil deiner Follower mit deinen Beiträgen regelmäßig interagiert, bedeutet das für den Algorithmus, dass deine Beiträge nicht relevant sind. Außerdem werden deine Beiträge vermehrt an Personen aus diesen Ländern empfohlen, da aus Sicht des Algorithmus deine Reichweite für Personen aus eben diesen Ländern relevant ist. So begibst du dich in eine negative Abwärtsspirale, die deine Reichweite zerstört. Auch wenn manche Anbieter dir deutsche Follower versprechen, handelt es sich um keine aktiven Accounts, die weder mit deinen Beiträgen interagieren werden noch zu deiner Zielgruppe zählen. Beim Reichweiteaufbau gilt nämlich stets der Grundsatz, dass Qualität vor Quantität zählt.

2.) Verwendung von Bots: Bei Bots handelt es sich um Softwarelösungen, mithilfe welcher von deinem Account Kommentare, Likes, Abonnements usw. bei anderen Accounts durchgeführt werden. Der Vorteil: du sparst dir Zeit, um manuell bei anderen Accounts auf dich aufmerksam zu machen. Auch wenn so eine Automatisierung sehr verlockend scheint, solltest du auf sie nicht zurückgreifen. Die Algorithmen der Plattformen entlarven solche Aktivitäten sehr schnell. Da es gegen die Nutzungsrichtlinien der Plattformen verstößt, wird dein Account sehr schnell blockiert. Ihn wieder zu entsperren ist in der Regel nur nach einem Gerichtsstreit möglich. Deshalb lass am besten die Finger davon.

3. Funktionsweise der beliebtesten sozialen Medien und wie du sie erfolgreich für dein Marketing nutzt

3.1 Diese sozialen Medien sind für eine erfolgreiche Vermarktung relevant

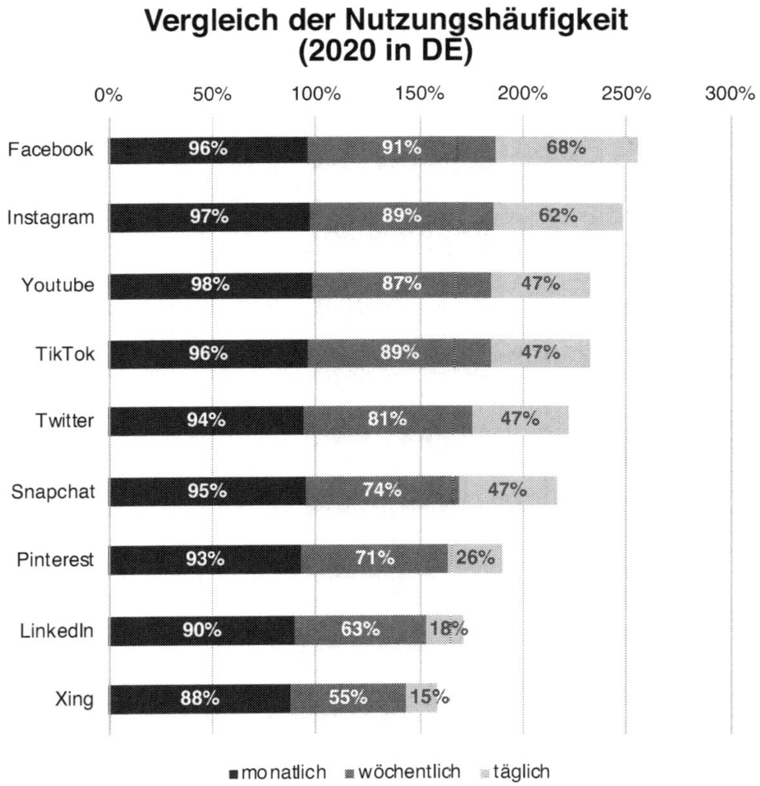

Abbildung 3: ***Vergleich der Nutzungshäufigkeit verschiedener Social Media Plattformen 2020 in Deutschland*** *(Quelle: AudienceProject)*

Viele Unternehmer und Unternehmen haben immer noch die Glaubenssätze, dass nur Jugendliche mit geringer Kaufkraft sich auf sozialen Medien herumtreiben oder dass die Effektivität von Marketingmaßnahmen auf sozialen Medien nur sehr gering ist. Beides ist allerdings vollkommen falsch. Die Kaufbereitschaft Produkte über soziale Medien zu kaufen, haben wir bereits im vorherigen Kapitel mithilfe von Statistiken dargestellt. Kommen wir nun konkret zu den Nutzern und ihrem Alter.

*Tabelle 1: **Anteil Nutzer nach Alter (2020 in DE)** (Quelle: ARD, ZDF)*

	<30J	30-49J	50-69J	>69J
Facebook	44%	34%	19%	5%
Instagram	65%	21%	2%	1%
Snapchat	41%	2%	0%	0%
Twitter	8%	7%	3%	1%
Xing	4%	8%	3%	0%
LinkedIn	6%	6%	4%	0%
TikTok	9%	4%	1%	0%

Aus dieser Statistik geht ganz klar hervor, dass sowohl junge als auch ältere Personen regelmäßig auf sozialen Medien aktiv sind. Natürlich unterscheidet es sich von Plattform zu Plattform. Deshalb solltest du die sozialen Medien abhängig von deiner Strategie sorgfältig auswählen und ebenfalls verschiedene soziale Medien für deine Vermarktung nutzen.

Zu den bekanntesten und zu diesem Zeitpunkt relevantesten

sozialen Netzwerken für Social Media Marketing zählen:

» Facebook, Instagram, YouTube, LinkedIn, Xing, TikTok, Snapchat, Pinterest und Twitter

Ich vermute, dass dir die meisten sozialen Medien bereits bekannt vorkommen sollten. Dabei ist es aber wichtig anzumerken, dass obwohl die meisten Plattformen den gleichen Zweck erfüllen „Austausch und Vernetzung von Menschen, die Plattformen sich aber in einigen Faktoren ziemlich unterscheiden. Für ein erfolgreiches Marketingkonzept ist es deshalb wichtig zu verstehen, worin die Unterschiede liegen und wann welche Plattform sich am besten eignet. Also lass uns das gemeinsam anschauen:

Zu den Faktoren, in denen sich die Social Media Plattformen unterscheiden, zählen:

- Kommunikation und Interaktion
- Zielgruppe
- Popularität
- Auslastung
- Algorithmus
- Monetarisierung
- Marketingstrategie
- Hilfreiche Tools

Anhand dieser Faktoren wird jede Social Media Plattform im Detail im nächsten Kapitel untersucht und daraus werden konkrete Marketingstrategien abgeleitet. Doch lass uns zunächst die Faktoren definieren.

Kommunikation und Interaktion

Der erste Faktor ist nahezu selbsterklärend: Auf welche Art und Weise können Nutzer miteinander kommunizieren und interagieren. Bei den meisten sozialen Medien findet eine Kommunikation durch das Teilen von Beiträgen oder eine integrierte Chatfunktion statt. Allerdings unterscheiden sich die Plattformen zur Kommunikation und Interaktion bei den Arten von Beiträgen. So können bei Instagram Bild- und Videobeiträge und bei TikTok lediglich Videobeiträge als Kommunikations- und Interaktionsmittel verwendet werden. Dieser Unterschied wird deine gesamten Aufwendungen für die Contenterstellung maßgeblich beeinflussen.

Zielgruppe

„Soziale Medien nutzen nur Kinder und Jugendliche." Diesen Satz hast du möglicherweise schon öfters gehört. Allerdings ist das nicht ganz zutreffend. Klar treiben sich viele Jugendliche und Kinder auf sozialen Medien herum, aber der Anteil dieser Zielgruppe variiert sehr stark. Plattformen wie TikTok nutzen sehr viele Jugendliche. Plattformen wie LinkedIn wohingegen werden nicht von Jugendlichen genutzt. Alle anderen Plattformen ordnen sich dazwischen ein. Außerdem gibt es auch Unterschiede nach dem Geschlecht. So wird Pinterest vermehrt von jungen Frauen (im Alter von 18-30 Jahren) genutzt. Somit solltest du als Unternehmen bzw. Unternehmer wissen welche Zielgruppe für dich relevant ist und dementsprechend die richtigen Plattformen für dich aussuchen.

Generell solltest du auf dem Schirm haben, dass in der Regel die Mehrzahl der Nutzer Social Media Plattformen mobil auf dem

Smartphone nutzen. Das gilt vor allem für private Nutzer. Die stationäre Nutzung auf dem Laptop oder PC wird vor allem von geschäftlichen Nutzern beansprucht, soweit es möglich ist. Das gilt z. B. bei Facebook oder LinkedIn. Plattformen wie Snapchat, Instagram oder TikTok können nur mobil genutzt werden.

Popularität

Mittlerweile sind sehr viele soziale Netzwerke auf dem Markt vorhanden. Das sorgt für einen harten Konkurrenzkampf. Das führt natürlich wiederum dazu, dass nicht jede Plattform die gleiche Popularität genießt. Dabei ist es wichtig, dass du bei der Popularität nicht die Gesamtpopularität betrachtest, sondern dein Augenmerk auf die Popularität unter der für dich relevanten Zielgruppe richtest. So nimmt die Popularität von Facebook bei Jugendlichen immer stärker ab. Auf der anderen Seite kommen allerdings immer mehr ältere Personen auf die Plattform.

Auslastung

Die Auslastung bezieht sich auf die geschäftliche Auslastung einer Plattform, also die Anzahl an geschäftlichen Nutzern auf einer Plattform. Je höher die Auslastung, desto schwieriger wird das organische Wachstum und desto teurer werden bezahlte Werbeanzeigen. Diese beiden Punkte haben wir bereits ausführlich im vorherigen Kapitel behandelt und im nächsten Kapitel diskutieren wir die Auslastung jeder nennenswerten Plattform.

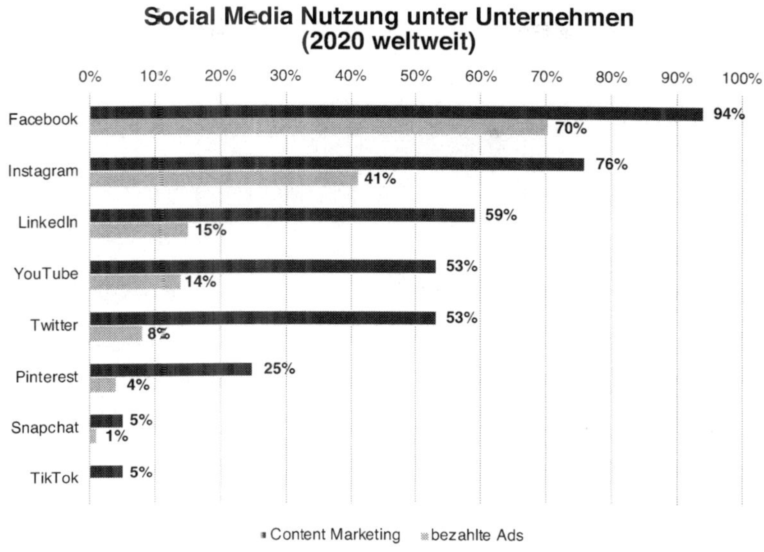

Abbildung 4: ***Social Media Nutzung unter Unternehmen (2020 weltweit)*** *(Quelle: Social Media Examiner)*

Algorithmus

Die generelle Funktionsweise des Algorithmus auf Plattformen haben wir bereits in einem vorherigen Kapitel behandelt. Allerdings weist jede Plattform ebenfalls feine Besonderheiten auf. Diese zu kennen ist essentiell, damit du das Meiste aus deinem Social Media Marketing herausholen kannst.

Monetarisierung

Monetarisierung bei sozialen Medien bedeutet, dass du bereits für das Erstellen und Hochladen deiner Inhalte bezahlt wirst. Das ist natürlich an die Bedingung geknüpft, dass du Werbung von Werbetreibenden bei deinen Inhalten ermöglichst. So kannst du dir damit eine zusätzliche Einnahmequelle aufbauen. Das macht dann Sinn, wenn du dich noch am Anfang deiner Selbstständigkeit befindest und auf Einnahmen, um deine Fixkosten zu decken, angewiesen bist. Natürlich muss dir klar sein, dass durch das Zulassen von Werbung, deine Konkurrenten die Möglichkeit haben, deine Interessenten und Kunden von ihrem Angebot zu überzeugen.

Marketingstrategie

Nicht jede Social Media Plattform eignet sich immer zu 100% für jede Marketingstrategie, die wir bereits in diesem Buch angeschaut haben. Das sollte dir klar sein, damit deine Marketingaufwendungen nicht ins Leere laufen. Aus diesem Grund werden wir jede Plattform nach den möglichen Strategien analysieren und ebenfalls konkrete Tipps zur Umsetzung ableiten. Zu den drei Strategien zählen: MN-Kaltakquise, organisches Content Marketing und bezahlte Werbeanzeigen.

Hilfreiche Tools und Apps

Damit du dein Marketing noch präziser ausrichten kannst, ist es überaus sinnvoll, weitere externe Tools (außer den plattformeigenen Tools) zu verwenden. Dabei gibt es auf der einen Seite externe Tools, die sich für jede Plattform anbieten und auf der anderen Seite ist es von Vorteil, einige spezifische Tools heranzuziehen.

3.2 Facebook

Facebook gehört aktuell zu der beliebtesten Social Media Plattform. Unter anderem liegt es daran, dass Facebook bereits im Jahr 2004 auf den Markt kam und somit zu den ältesten Plattformen zählt.

Kommunikation und Interaktion

Auf Facebook kann die Kommunikation auf unterschiedliche Art und Weise erfolgen. Dabei findet sie primär im vorhandenen Netzwerk des Nutzers statt. Ein Netzwerk kann aus privaten Profilen oder auch aus Unternehmensseiten bestehen. Bei privaten Profilen handelt es sich in der Regel um private Nutzer. Wenn du Unternehmer bist, dann solltest du dir definitiv auch sein privates Profil erstellen. Wenn du als Angestellter für dein Unternehmen Marketing betreiben willst, dann ist das nicht unbedingt notwendig. Dann reicht eine Unternehmensseite. Bei der Unternehmensseite handelt es sich um ein Profil, das ein Unternehmen repräsentiert. Die Unternehmensseite bietet dir die Möglichkeit, Auswertungen zu deinen Beiträgen zu erhalten und bezahlte Werbeanzeigen zu schalten.

Damit ein privates Profil in das Netzwerk eines Nutzers aufgenommen wird, müssen beide dem per Freundschaftsanfrage zustimmen. Als Unternehmensseite ist es nicht möglich, eine Freundschaftsanfrage zu versenden. Hier bist du darauf angewiesen, dass ein privater Nutzer oder eine andere Unternehmensseite deine Seite abonniert, damit sie in das Netzwerk aufgenommen wird.

Jeder Nutzer hat die Möglichkeit, Beiträge in seinem Profil bzw. der sogenannten „Chronik“ zu veröffentlichen. Der Beitrag ist dann nur für die Nutzer des Netzwerks sichtbar. Dabei kann ein Beitrag aus

Texten, Bildern oder Videos bestehen.

Die Interaktion mit einem Beitrag kann durch das „Liken“ oder „Kommentieren“ des Beitrags stattfinden. Genauso kann jeder Nutzer den Beitrag in seiner Chronik teilen oder im Chat bzw. „Facebook Messenger“ an weitere Nutzer versenden.

Der Messenger erlaubt eine direkte Kommunikation zwischen privaten Profilen und Unternehmensseiten. So können in dem Chat Nachrichten, Bilder, Videos, Sprachaufnahmen oder Dateien ausgetauscht werden. Diese Kommunikation ist dann nur für die beiden Nutzer sichtbar. An dieser Stelle sei angemerkt, dass Nutzer sich gegenseitig Nachrichten verschicken können, ohne im jeweiligen Netzwerk zu sein. Die Nachrichten landen allerdings nicht im Hauptfach des Messengers, sondern bei den Nachrichtenanfragen bzw. im Spamordner. Vor allem private Nutzer kennen diese Ordner nicht, da Facebook sie nicht direkt ersichtlich eingebaut hat. Das soll verhindern, dass private Nutzer mit Spamnachrichten konfrontiert werden und sich so von der Plattform abwenden. Der Kundennutzen steht nämlich an erster Stelle. Somit sollte es immer dein Ziel sein, sich im Netzwerk eines Nutzers zu befinden.

Die dritte Möglichkeit der Kommunikation stellen „Stories“ dar. Hierbei können Nutzer ein Bild oder ein Video für 24 Stunden veröffentlichen. Danach verschwinden die Beiträge automatisch. So teilen private Nutzer Erlebnisse des jeweiligen Tages in den Stories und gewähren so den anderen Nutzern einen intimen Einblick in ihr aktuelles Privatleben. Für Unternehmen bietet sich die Funktion an, um Umfragen, Produktneuheiten oder Angebote vorzustellen. Genauso macht es Sinn, durch eine Story auf einen neuen Beitrag in der Chronik hinzuweisen. Denn abhängig vom Algorithmus wird nicht unbedingt jeder Nutzer einen gewöhnlichen Beitrag in seiner Chronik (ganz oben) sehen.

Jeder Nutzer hat ebenfalls die Möglichkeit, zu einem gemeinschaftlichen Netzwerk in Form einer Facebookgruppe beizutreten. Eine Facebookgruppe können von privaten Profilen oder von Unternehmensseiten gegründet werden. Gruppen dienen dem gegenseitigen Austausch von Beiträgen (Text, Bilder, Videos, Umfragen und vieles mehr) zu einem gewissen Thema zwischen verschiedenen Nutzern. Gruppen können über die Suchfunktion von Facebook gefunden werden. Der Beitritt muss in der Regel durch einen Administrator der Gruppe genehmigt werden.

Weshalb du unbedingt auf Facebookgruppen setzen solltest, erkläre ich gleich beim Punkt „Algorithmus".

Zielgruppe

Facebook war eine der ersten Social Media Plattformen und zählt heute immer noch zu den populärsten Plattformen. Als Facebook gegründet wurde, fand die Plattform vor allem unter der jugendlichen Zielgruppe eine hohe Relevanz. Nun geht der Trend aber in eine andere Richtung. Und zwar erhöht sich der Altersdurchschnitt der Nutzer von Facebook. Das verdeutlicht die folgende Tabelle.

Tabelle 2: ***Nutzeralter auf Facebook*** *(Quelle: Facebook)*

Altersgruppe	2014	2020
16 – 19 Jahre	23 %	10 %
20 – 29 Jahre	22 %	21 %
30 – 39 Jahre	18 %	21 %
40 – 49 Jahre	14 %	18 %
50 – 59 Jahre	12 %	17 %
über 60 Jahre	11 %	13 %

Der Anteil der jugendlichen Nutzer minimiert sich konstant seit 2014. Auf der anderen Seite wächst der Anteil älterer Nutzer. Dabei ist wichtig festzuhalten, dass diese Entwicklung keineswegs die Popularität der Plattform negativ beeinflusst. Dazu später mehr. Somit geht der Trend für uns Unternehmer und Unternehmen in die passende Richtung. Jugendliche zählen in der Regel nicht zu den kaufkräftigsten Kunden, sodass auf Facebook auch ein hochpreisiges Angebot ohne Probleme vermarktet werden kann. Allerdings kann nicht nur ein B2C (Business-to-Customer) Angebot, sondern auch ein B2B (Business-to-Business) Angebot auf Facebook vermarktet werden. Denn mit der steigenden Attraktivität von Social Media Marketing zieht es ebenfalls immer mehr Unternehmer und Unternehmen auf die Plattform.

Popularität

Vergleichen wir Facebooks Beliebtheit mit anderen Plattformen dann stellen wir fest, dass Facebook sich momentan auf Platz 1 einordnet.

Allerdings tritt bei Facebook immer häufiger das Gerücht auf, dass die Plattform kurz vor dem Aussterben sei, da das durchschnittliche Nutzeralter sich mit der Zeit nach oben verschiebt. Doch stimmt das überhaupt?

Dazu können wir gerne zunächst die weltweite Entwicklung der aktiven Nutzer betrachten.

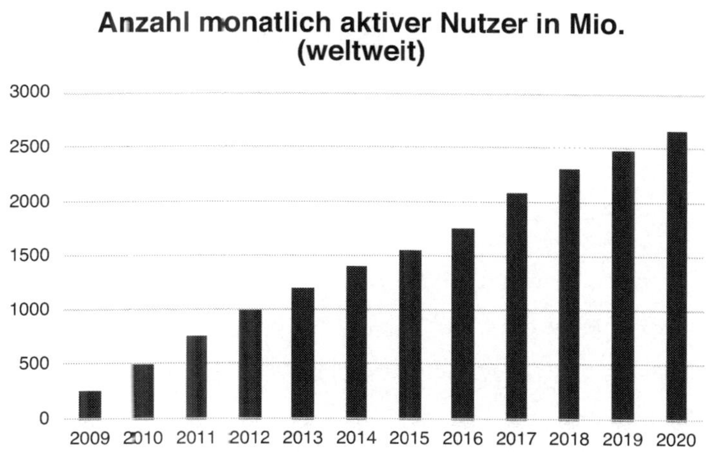

Abbildung 5: ***Anzahl monatlich aktiver Nutzer in Mio. (weltweit)***
(Quelle: Facebook)

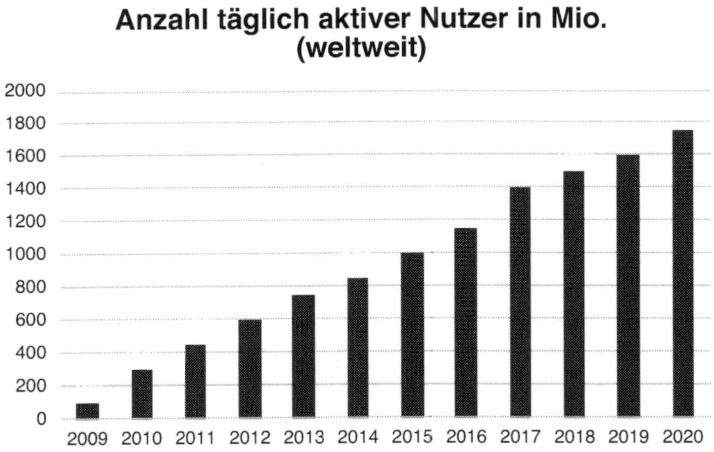

Abbildung 6: ***Anzahl täglich aktiver Nutzer in Mio. (weltweit)***
(Quelle: Facebook)

Abbildung 1 zeigt ganz deutlich auf, dass die Anzahl monatlich aktiver Nutzer weltweit mit jedem Jahr am Wachsen ist. Vor allem die Corona-Pandemie hat allen Social Media Plattformen einen deutlichen Zuwachs an aktiven Nutzern eingebracht, da Menschen mehr Zeit alleine Zuhause verbringen und so ihre freie Zeit auf Social Media verbringen.

Genau das gleiche Bild projiziert Abbildung 2. Und zwar nimmt die Anzahl täglicher Nutzer ebenfalls weltweit zu. Somit kann von einem Aussterben nicht die Rede sein. Natürlich muss man hierbei sagen, dass die weltweiten Nutzerzahlen a) durch asiatische und afrikanische Märkte vorangetrieben werden, da dort immer mehr Menschen Zugang zum Internet erhalten und b) wir in der Regel unser Angebot in Deutschland bzw. im deutschsprachigen Raum (DACH) vermarkten möchten. Aus diesem Grund sollten wir auf die Entwicklung der Nutzerzahlen in diesen Ländern schauen.

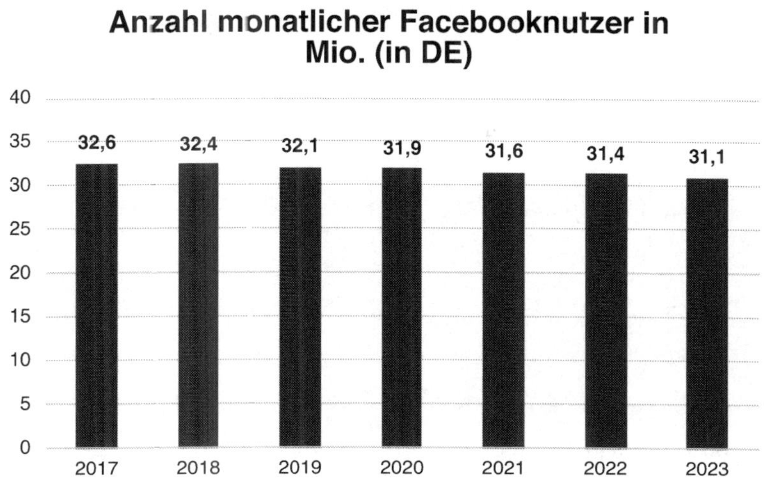

*Abbildung 7: **Anzahl monatlicher Facebooknutzer in Mio. (in DE)***
(Quelle: Statista)

Wie in Abbildung 3 dargestellt, verhält sich die Nutzerzahlentwicklung in Deutschland etwas anders. Und zwar ist ein leichter Rückgang von monatlichen Nutzerzahlen bemerkbar und bis 2023 prognostiziert. Allerdings handelt es sich um einen minimalen Rückgang von 1%, der durch die Abnahme jüngerer Nutzer zu begründen ist.

Indes fällt dieser leichte Rückgang nicht sonderlich ins Gewicht, da trotzdem immer noch über 31,1 Mio. monatliche aktive Nutzer Facebook nutzen. Somit besteht kein Grund zur Sorge. Facebook ist und bleibt eine essentielle Plattform für Social Media Marketing.

Von den aktuell 32 Mio. monatlichen Nutzern in Deutschland loggen sich 75% der Nutzer (24 Mio.) täglich ein. Wichtig anzumerken: 95% der täglichen Nutzer verwenden Facebook auf ihrem Smartphone.

Aus Sicht deutscher Unternehmen und Selbstständigen ist neben dem deutschen Markt ebenfalls der Markt in der Schweiz und in Österreich interessant, vor allem für Anbieter von digitalen Produkten und Dienstleistungen. In den beiden Märkten kann nämlich ohne Probleme ebenfalls deutschsprachige Werbung ausgestrahlt werden.

In Österreich nutzen 3,9 Mio. Nutzer Facebook auf monatlicher Basis. Täglich loggen sich 3 Mio. Menschen ein. Davon sind 2,8 Mio. (93%) mobile Nutzer.

Die Schweiz hat 3,8 Mio. monatliche Facebooknutzer zu verzeichnen. 2,9 Mio. Menschen loggen sich täglich ein. Davon entfallen 2,7 Mio. (93%) Menschen auf die mobile Smartphonenutzung.

Auslastung

Facebook hat sich als eine essentielle Social Media Plattform etabliert. Unter Unternehmen ist Facebook die meistgenutzte Plattform. Genau das gleiche Bild ergibt sich bei der Nutzung bezahlter Werbeanzeigen.

So zieht die Plattform auch weiterhin immer mehr Unternehmen an, die Werbung für ihr Angebot betreiben. Aus diesem Grund findest du sehr viele Mitstreiter auf der Plattform, die nicht nur organische, sondern auch bezahlte Werbestrategien ausüben. Deshalb lässt sich Facebook heutzutage nur noch an etablierte Unternehmen und Unternehmer empfehlen, die bereits eine gewisse Bekanntheit bzw. ein ausreichendes Werbebudget mitbringen. Natürlich kann man sich auch als Anfänger auf der Plattform behaupten. Hierbei sollte man allerdings die Marketingstrategien und den Verkaufsprozess im Detail optimieren.

Algorithmus

Die allgemeine Funktionsweise des Algorithmus wirkt ebenfalls bei Facebook. Aus diesem Grund wird hier nur die spezifische Ausrichtung des Algorithmus näher behandelt.

Der Algorithmus sortiert die Beiträge und Inhalte nach der Relevanz für jeden einzelnen Nutzer. So werden relevantere Beiträge in der Chronik weiter oben und öfters angezeigt. Die höchste Relevanz stuft Facebook Beiträgen in Facebookgruppen zu. Da jeder Nutzer selber aktiv einer Gruppe beitreten muss, ist das ein eindeutiges Zeichen für hohes Interesse an einem Thema. Als nächstes werden Beiträge von privaten Profilen eingeordnet. Als letztes stuft Facebook Beiträge von Unternehmensseiten ein. Das hat vor allem drei Gründe:

1.) Unternehmensbeiträge haben in den meisten Fällen das Ziel etwas zu verkaufen. Nutzer auf Facebook sind aber primär auf der Plattform, um Zeit zu vertreiben, sich mit ihrem Netzwerk zu unterschiedlichen Themen auszutauschen und sich unterhalten zu lassen.

2.) Unternehmensbeiträge beinhalten in der Regel Links zu einer externen Website oder einer anderen Plattform. Da Facebook seine Nutzer jedoch so lange wie möglich auf der Plattform halten will, macht es aus Sicht von Facebook wenig Sinn, Beiträge mit einem externen Link zu bevorzugen.

3.) Es wird zwar von Facebook stets abgelehnt, aber immer mehr wird es deutlich, dass Facebook durch das Herabstufen von organischen Beiträgen eines Unternehmens, das Unternehmen zu bezahlten Werbemethoden bewegen möchte. So verdient Facebook nämlich Geld.

Folgende Lösungsansätze kann ich dir an die Hand geben:

a) Tritt Facebookgruppen bei, die thematisch zu deinem Angebot oder Unternehmen passen. Beachte aber, dass in den meisten Gruppen Werbung untersagt ist. Deshalb fokussiere dich darauf, Inhalte mit hohem Mehrwert zu posten, damit Mitglieder auf dich immer mehr aufmerksam werden. Oder sprich mit Administratoren ab, dass du ab und zu Werbung für eine Gegenleistung machen darfst. Die Gegenleistung kann entweder eine Bezahlung sein oder du stimmst mit den Administratoren ab, dass du neben der Werbung auch sehr hilfreiche Beiträge postest und bei Problemen den Personen in den Kommentaren hilfst. Als letzte Lösung bleibt dir eine eigene Facebookgruppe zu gründen und aufzubauen. So hast du die Oberhand über die Inhalte deiner Gruppe.

b) Als Selbstständiger oder Einzelunternehmer solltest du vermehrt Beiträge auf deinem persönlichen Profil veröffentlichen, damit diese mehr Nutzer erreichen.

c) Wenn du von deiner Unternehmensseite Beiträge veröffentlichst, dann beachte alle Punkte aus dem Kapitel zum Algorithmus und setze auf starken Mehrwert und hohe Regelmäßigkeit deiner Beiträge. Vergiss außerdem nicht, Hashtags bei deinen Beiträgen einzubauen. Facebook nutzt diese Informationen nämlich ebenfalls, um deinen Beitrag thematisch einzuordnen.

d) Nutze bezahlte Werbeanzeigen zur Erhöhung deiner Reichweite. Dazu gleich mehr.

e) Optimiere dein gesamtes Marketing auf Facebook. Dafür

kann ich dir mein Buch empfehlen, welches ich explizit nur über Facebook Marketing geschrieben habe. Dort findest du sehr viele weitere Ideen, Erklärungen und Konzepte, die du spezifisch für das organische Marketing auf Facebook nutzen kannst. So erkläre ich dort auch im Detail, wie du deine eigene Facebookgruppe mit sehr vielen Mitgliedern aufbauen kannst.[1]

Monetarisierung

Leider bietet Facebook keine Möglichkeit an, um durch Contenterstellung zusätzliche Einnahmen zu generieren, da Werbeanzeigen nicht an einen Fremdbeitrag geknüpft sind. Natürlich kannst du aber bei einer bestehenden Reichweite z. B. mit deiner Unternehmensseite oder deiner Facebookgruppe durch Sponsorings oder Product Placements zusätzliche Einnahmen erwirtschaften.

Marketingstrategie

Kaltakquise funktioniert auf Facebook sehr effektiv und effizient. Deshalb solltest du diese Strategie auf jeden Fall anwenden, falls sie zu deinem Angebot passt. Passende Interessenten kannst du ganz leicht in thematisch relevanten Gruppen finden.

Wenn es dein Ziel ist, mit organischem **Content Marketing** neue potentielle Interessenten auf dein Angebot aufmerksam zu machen, dann ist Facebook nicht unbedingt die richtige Anlaufstelle dafür. Beiträge auf deiner Unternehmensseite werden nur selten an

---

[1] https://bit.ly/facebookmarketing_am

unbekannte Nutzer auf Facebook ausgespielt. Wenn du trotzdem Facebook für Content Marketing verwenden möchtest, dann solltest du deine Seite aktiv in Facebookgruppen bewerben. Das Gleiche gilt, wenn du eine Facebookgruppe betreibst. Wenn du allerdings bereits eine gewisse Reichweite besitzt, dann spricht nichts dagegen, auf Facebook Content Marketing zu betreiben. Beachte dafür die Punkte aus dem Kapitel zum Algorithmus.

Neben organischer Reichweitengenerierung können auf Facebook auch **bezahlte Werbeanzeigen** geschaltet werden. Diese kannst du in der Chronik als Beitrag, zwischen Stories, im Messenger und in den seitlichen Leisten platzieren.

Für die Optimierung bzgl. Conversions im Rahmen des Performance Marketing liefern die Beitrags-Ad in der Chronik die besten Ergebnisse. Somit solltest du deinen Fokus zunächst auf diese Werbeanzeigen legen und eine hohe Profitabilität erreichen. Danach kannst du zusätzlich weitere Werbeanzeigenformate auswählen.

In der Chronik kannst du Textbeiträge, Bilder und Videos als Werbeanzeige schalten. In der Praxis konvertieren folgende Werbeanzeigen am besten:

1.) Videos mit einem langen Beschreibungstext

2.) Bilder mit einem langen Beschreibungstext

Je mehr Emotionen du mit deiner Werbeanzeige auslösen kannst, desto höher ist die Wahrscheinlichkeit, dass Nutzer sich diese anschauen und konvertieren. Hier gilt: „Bilder sagen mehr als 1.000 Worte“. Deshalb solltest du immer mindestens ein Bild, das Emotionen hervorruft als Beitrag bewerben. Die bessere Variante ist in jedem Fall ein Video. Hier kannst du nämlich die meisten Emotionen und Informationen vermitteln und am meisten Vertrauen für dein

Unternehmen und dein Angebot erzielen. Wichtig anzumerken: Anzeigen mit einem langen Beschreibungstext konvertieren besser als kurze. In einem langen Text kannst du nämlich besser „Storytelling" betreiben, mehr Vorteile aufzeigen und öfter zum „Kauf" animieren. Wie alle drei Dinge im Detail funktionieren, schauen wir uns im nächsten Hauptkapitel an. Dabei gibt es keine einheitliche Definition eines „langen Textes" Er sollte lediglich alle wichtigen Elemente eines Verkaufstextes beinhalten. Dann sollte die Länge ausreichen.

Weitere Anzeigenformate, wie die Anzeige in der Seitenleiste, in den Stories oder im Facebook Messenger können zusätzlich genutzt werden, um Follow-Ups effektiver zu betreiben oder um im Rahmen des Brandings eine allgegenwärtige Präsenz zu schaffen.

Um Werbeanzeigen zu schalten, benötigst du in allen Fällen eine Unternehmensseite. Von dieser Seite kannst du mithilfe des Werbeanzeigemanagers Anzeigen schalten. Achte ganz besonders darauf, bei Werbeanzeigen auf Facebook die Richtlinien sorgfältig einzuhalten. Facebook greift bei einem Verstoß rigoros durch und sperrt Werbekonten und ganze Unternehmensseiten. Deshalb schau dir unbedingt die Richtlinien an.

Die **Richtlinien** findest du hier:

https://www.facebook.com/policies/ads/

Auf Facebook kannst du sehr genau deine Zielgruppe targetieren, da Facebook sehr viele Möglichkeiten zur Eingrenzung der Zielgruppe bietet. In den meisten Fällen wirst du einen Nutzer nach der Werbeanzeige auf deine Website bzw. Landingpage weiterleiten. Deshalb solltest du auf deine Website mit einem Facebook-Pixel ausstatten. Ein Pixel hat die Funktion, Nutzer und ihre Aktivität auf deiner Website bzw. Landingpage zu tracken. So kann Facebook nachvollziehen, ob ein Interessent die gewünschte Aktion, z. B. Artikel kaufen, ausgeführt hat oder nicht. Diese Funktion eröffnet dir drei Türen:

a) Conversion-Tracking von Facebook, um den Erfolg deines Conversion-Marketingziels zu verfolgen.

b) Wenn ein Interessent die gewünschte Aktion ausführt (=konvertiert), dann kannst du anhand der Interessen und Eigenschaften eine Look-A-Like Audience erstellen. So wird Facebook weiteren Nutzern, deren Profil den konvertierten Nutzern gleichen, deine Werbeanzeigen ausspielen. So kannst du auf eine sehr einfache Art und Weise deine Profitabilität erhöhen.

c) Bei Interessenten, die nicht konvertiert haben, kannst du eine Retargeting-Kampagne ausstrahlen lassen. Das heißt, du lässt eine zweite Werbeanzeige mit zusätzlichen Vorteilen usw. bei den Interessenten laufen. Es ist nämlich bewiesen, dass Menschen mehrere Kontaktpunkte benötigen, bis sie etwas kaufen. Da diese Nutzer offensichtlich Interesse an deinem Angebot haben (sonst hätten sie nicht auf den Link geklickt), besteht eine hohe Konvertierungswahrscheinlichkeit. Aus diesem Grund solltest du Retargeting Kampagnen betreiben. Hier kannst du jede Art der Anzeigen nutzen, wobei die Beitrags-Ads in der Chronik in der Regel die besten Ergebnisse liefern.

Werbeanzeigen werden auf Facebook nach dem Gebotsprinzip ausgestrahlt. Das heißt, du bietest auf eine ausgewählte Zielgruppe um 10.000 Impressionen. Je höher dein Gebot, desto höher ist die Wahrscheinlichkeit, dass deine Anzeige weiter oben in der Chronik ausgestrahlt wird. Je nachdem wie hoch du dein Werbebudget ansetzt, wird deine Anzeige weniger oft oder öfters ausgestrahlt. Um zu vermeiden, dass dein Budget zu schnell aufgebraucht ist und deine Anzeigen nicht mehr ausgestrahlt werden, empfehle ich dir zwar ein bedachtes, aber zugleich auch ein nicht zu geringes Budget auszuwählen. Dann solltest du in regelmäßigen Abständen (täglich bis wöchentlich) deine Anzeigen auswerten und Anpassungen sowohl an den Geboten als auch am Budget vornehmen.

Hilfreiche Tools

Marketinganalyse

- ✓ So wie bei allen anderen Plattformen auch, empfehle ich dir plattforminterne Analysetools zu verwenden. Diese findest du in der Regel in den Ads Managern und kannst sie kostenlos nutzen, auch ohne Werbeanzeigen schalten zu müssen. Nutze **Facebook Insights**, um zum Beispiel deine Zielgruppe besser zu analysieren.
- ✓ Wenn du deine Facebookseite mit anderen ähnlichen Facebookseiten nach gewissen Kriterien vergleichen willst, dann kannst du dafür **Facebook Page Barometer** nutzen.

3.3 Instagram

Instagram wurde 2010 in den USA gegründet. 2012 gab es eine Übernahme des Dienstes durch Facebook. Seitdem sind die beiden Plattformen insoweit verknüpft, dass gleichzeitig Beiträge auf beiden Plattformen veröffentlicht werden können. Das gilt für normale Beiträge im Feed und für Stories. Außerdem erfolgt die Steuerung von Werbeanzeigen einheitlich über den Facebook Ads Manager.

Kommunikation und Interaktion

Auf Instagram können Nutzer auf verschiedene Art und Weise mit einander kommunizieren und interagieren. Die wesentliche Kommunikationsart stellt das Teilen von Beiträgen dar. Diese Funktion wird von Instagram stetig ausgeweitet, sodass die folgenden Arten von Beiträgen zur Verfügung stehen.

Fotobeiträge

Mit dieser Beitragsart ist Instagram groß geworden. Private Nutzer können so persönliche Fotos teilen. Als Unternehmensnutzer kannst du Einblicke in den Geschäftsalltag, Produktvorstellungen, Neuigkeiten, Tipps und Tricks bei der Nutzung des Produktes teilen.

Im Rahmen von Content Marketing empfehlen sich zum Beispiel erstellte Grafiken mit nützlichen Informationen für die Community.

Kurze Videobeiträge ohne Effekte

Bei den normalen Videobeiträgen haben Nutzer nicht die Möglichkeit vor- oder zurückzuspulen. Deshalb sollte es sich um Kurzvideos handeln, die eine kurze Kernaussage beinhalten. So kann diese

Beitragsart ebenfalls für die bei den Fotobeiträgen genannten Beispiele verwendet werden.

Reels

Bei Reels handelt es sich um Kurzvideos, die mit einem Lied im Hintergrund und speziellen Effekten ausgestattet werden können. Es soll ein Pendant von Instagram zu TikTok werden. Auch bei Reels ist es nicht möglich vor- oder zurückzuspulen. Aus diesem Grund sollte es sich auch hier um ein kurzes und vor allem unterhaltsames Video handeln. Dabei sollte der Unterhaltungsfaktor durch die Musik und die Effekte hervorgehoben werden.

IG-TV

Bei IG-TV handelt es sich um eine weitere Möglichkeit, Videobeiträge zu veröffentlichen. Hier besteht aber die Möglichkeit vor- und zurückzuspulen. Aus diesem Grund können IG-TV Videos auch eine längere Zeitspanne einnehmen. Mit dieser Funktion wollte Instagram einen direkten Konkurrenten zu YouTube schaffen, was allerdings noch nicht komplett aufgegangen ist. YouTube bietet nämlich die Möglichkeit, gezielt nach bestimmten Videos von verschiedenen Kanälen zu suchen. Bei Instagram ist das nicht möglich. Nichtsdestotrotz solltest du von dieser Funktion auf Instagram Gebrauch machen, da du so längere Erklärungsvideos zu gewissen Themen anbieten kannst. Sie eignen sich also vor allem für die Content Marketing Strategie.

Live-Streams

Bei Live-Streams handelt es sich um live veranstaltete Videos. Diese kannst du ideal für Fragerunden nutzen. Halte dabei die Interaktion mit den Nutzern so hoch wie möglich. Du kannst ebenfalls einen Live-Stream mit weiteren Instagramnutzern veranstalten. Also lade gerne zu einer Diskussionsrunde ein, um über spannende Sachverhalte zu sprechen.

„Guides“

Bei den sogenannten „Guides“ handelt es sich um eine Art Blogbeiträge. Dort kannst du sowohl Text, als auch Bilder und Videos integrieren. Diese Funktion eignet sich hervorragend, um Nutzern regelmäßig Anleitungen zu einem Sachverhalt zu schildern oder Neuigkeiten über dein Angebot oder Unternehmen zu veröffentlichen. Diese Funktion ist noch recht neu, sodass es sich lohnt, sie zu testen.

Stories

Bei Stories handelt es sich um Inhalte, die nur 24 Stunden in der Timeline sichtbar sind. Danach verschwinden sie automatisch. Es besteht allerdings die Möglichkeit, Stories in sogenannten „Highlights“ auf der Profilseite zu verankern. Es macht absolut Sinn, das zu tun und diese nach Themengebieten zu ordnen, damit auch neue Nutzer diese Inhalte sehen können. Private Nutzer veröffentlichen in Stories tagesaktuelle Themen bzw. Aktivitäten, wie z. B. Bilder vom Essen, einem Date, Treffen mit Freunden, Urlaub usw. Da man so als anderer Nutzer „hautnah“ am Alltag des anderen partizipieren kann, sind Stories sehr populär unter Nutzern. Als Unternehmer bzw. Unternehmen macht es natürlich keinen Sinn, Bilder vom Mittagessen zu veröffentlichen. Natürlich kannst du Beiträge aus deinem Alltag posten. Diese sollten aber thematisch zu deiner Nische passen. Besonders eignen sich Stories, um Text-Q&As durchzuführen und Kundenergebnisse zu posten. Außerdem solltest du stets auf neue Beiträge, die du in deinem Feed gepostet hast, in deiner Story aufmerksam machen. Verlinke dafür deinen Beitrag, verdecke ihn durch einen Sticker und ergänze das Ganze durch eine reißerische Überschrift mit einem CTA, sodass bei Nutzern das Interesse geweckt wird, auf ihn zu klicken. Außerdem kannst du ab 10.000 Followern Links zu externen Websites in deinen Stories hinzufügen. Ansonsten kannst du aktive Links nur in deiner Bio einfügen.

DM (Direct Message)

Nutzer von Instagram haben die Möglichkeit, über einen privaten Chat miteinander zu kommunizieren. Dabei können Text-, Sprach-, Bild- und Videonachrichten versendet werden. Außerdem können Beiträge und Stories zwischen Nutzern geteilt werden. Dieser Kommunikationsweg bietet sich an, um 1:1 auf Probleme von Interessenten einzugehen und Kaltakquise zu betreiben.

Zielgruppe

Anders als bei Facebook wird Instagram überwiegend von jüngeren Personen genutzt, wie in der folgenden Tabelle dargestellt.

Tabelle 3: ***Alter der Instagramnutzer*** *(Quelle: Statista.de)*

Altersgruppe	Anteil
13 – 17 Jahre	6 %
18 – 24 Jahre	30 %
25 – 34 Jahre	35 %
35 – 44 Jahre	16 %
45 – 54 Jahre	8 %
55 – 64 Jahre	3 %
Ab 65 Jahren	2 %

Allerdings hast du genauso gute Karten auf Instagram, eine ältere Zielgruppe und auch B2B-Kunden zu erreichen. Denn wie wir in der Statistik des allerersten Kapitels gesehen haben, ist Instagram die zweitbeliebteste Plattform (mit 76% Nutzung) unter Unternehmen.

Insgesamt fokussiert sich Instagram vor allem auf die mobile Nutzung mit dem Smartphone. Zwar kann Instagram auch über den Webbrowser über einen Computer oder Laptop aufgerufen werden, allerdings besteht dort keine Möglichkeit, alle Funktionen zu nutzen.

Popularität

Instagram ordnet sich nach Facebook auf Platz 2 der beliebtesten Plattformen ein. So wird es voraussichtlich in den nächsten Jahren bleiben. Denn es kommen zwar neue Plattformen, die in Konkurrenz zu Instagram stehen, allerdings hat es noch keine Plattform geschafft, Instagram auch nur annähernd das Wasser zu reichen. Ein Konkurrent der nennenswert ist, wäre TikTok. Allerdings hat Instagram sehr schnell die wesentliche Funktion von TikTok mit „Reels" nachgeahmt. Genau das Gleiche hat vor einigen Jahren bei Snapchat stattgefunden. Die Storyfunktion wurde nämlich das allererste Mal von Snapchat eingeführt. Diese Funktion wurde dann von jeglichen Plattformen kopiert. Aus diesem Grund macht es absolut Sinn, auch langfristig auf Instagram zu setzen.

Auslastung

Instagram ist ebenfalls von Unternehmern die am zweithäufigsten für den Social Media Auftritt genutzte Plattform. Bei der Nutzung hinsichtlich bezahlter Werbung liegt Instagram hierbei deutlich hinter Facebook, allerdings belegt die Plattform immer noch den zweiten Platz. Diese Differenz macht es deutlich: Der Werbemarkt auf Instagram ist noch nicht so ausgeschöpft, wie der von Facebook. Aus diesem Grund merkt man auch in der Praxis, dass die Gebotspreise auf Instagram etwas geringer im Vergleich zu Facebook sind. Deshalb ist meine Empfehlung auf jeden Fall, bezahlte Werbeanzeigen auf Instagram zu schalten, solange die Preise noch im Vergleich zu Facebook günstiger sind. Hinsichtlich des organischen Aufbaus von Reichweite solltest du den Markt gründlich analysieren, um dich in einer Nische richtig positionieren zu können.

Algorithmus

Neben den allgemeinen Grundsätzen des Algorithmus gibt es für Instagram ebenfalls einige Besonderheiten, die beachtet werden sollten.

SEO - Profilbeschreibung

In deiner Profilbeschreibung hast du die Möglichkeit, einen Profilnamen und einen kurzen Beschreibungstext zu hinterlegen.

Der Name sollte SEO optimiert sein. Das heißt analysiere mit einem Keywordtool, welche Keywords generell gesucht werden und optimiere deinen Namen danach. Allerdings ist es wie bei jeder SEO-Optimierung wichtig, kein Keywordstuffing zu betreiben. Eine Conversionoptimierung (also eine Verkaufsoptimierung) sollte ebenfalls durchgeführt werden.

Außerdem solltest du entweder direkt deine Landing Page in der Beschreibung verankern oder über die App „Linktree" mehrere Links zur Auswahl stellen. So kannst du gezielt auf verschiedene Möglichkeiten hinweisen.

Hashtags

Bei Hashtags handelt es sich um nichts anderes als Keywords. Und zwar kannst du bei jedem deiner Beiträge Hashtags direkt in der Beitragsbeschreibung platzieren. Diese sind notwendig, damit der Algorithmus deinen Beitrag zu gewissen Themen zuordnen kann. Denn anhand eines Bildes ist es unter Umständen schwer (wobei Bilderkennungssoftware bereits im Einsatz ist) zu erkennen, um welche Themen es genau geht.

Außerdem kann ein Nutzer in der Suchfunktion von Instagram ebenfalls nach Hashtags suchen. Dort kann er eine Auswahl nach aktuell und populär treffen. Das Ziel sollte sein, dass deine Beiträge bei den populären Beiträgen erscheinen.

Genauso wie bei Keywords, solltest du bei Hashtags auch unter keinen Umständen Keywordstuffing betreiben. Im Gegenteil: wähle lieber weniger Keywords (5-8 pro Beitrag) aus, die dafür aber sehr relevant sind. So wird der Algorithmus deine Beiträge dort stärker gewichten.

Wenn deine Beiträge bzw. dein Profil noch keine enorme Reichweite besitzen, dann solltest du auf jeden Fall vermehrt auf longtail Hashtags bzw. Hashtags mit einer geringen Anzahl an Beiträgen setzen. Bei long-tail Hashtags handelt es sich um Hashtags, die aus mehreren Wörtern bestehen. Die Anzahl der Beiträge findest du ganz einfach heraus, indem du nach den Hashtags suchst.

Hashtags, die du regelmäßig einsetzt, solltest du ebenfalls selber mit deinem Account folgen. Das führt dazu, dass deine Beiträge bei den Keywords besser gelistet werden.

Hashtags kannst du aber nicht nur bei deinen Beiträgen setzen, sondern auch in einen Stories. Und zwar kannst du 1 Hashtag pro Story vergeben. Das solltest du stets ausnutzen.

Standort

Neben Hashtags kannst du bei jedem deiner Beiträge einen Ort hinzufügen. Es besteht nämlich für Nutzer ebenfalls die Möglichkeit, nach Orten zu suchen, um sich zum Beispiel inspirieren zu lassen.

Pro Beitrag kannst du eine Ortsmarkierung setzen. Hier gilt

ebenfalls wie bei allen anderen Markierungen, Hashtags, Keywords usw. die Relevanz und natürlich die Popularität eines Ortes. Wenn du Beiträge nur von einem Ort aus postest, dann überlege dir, welche Stadt bei dir in der Umgebung eine hohe Popularität haben könnte und setze diese als Markierung.

Personenmarkierungen

Um sich Reichweite von anderen Profilen zu ergattern, solltest du ebenfalls zu deinen Themen relevante Profile verlinken. Diese Strategie solltest du aber nur nutzen, wenn du noch am Anfang deiner Social Media Marketing Laufbahn stehst. Sobald du eine gewisse Anzahl an Followern hast, solltest du das nicht mehr tun, da du so auch kostenlos Reichweite an andere verschenkst.

Markiere pro Beitrag bis zu 3 andere Profile, die mit dem Thema am meisten zu tun haben könnten.

Betrachtungszeit optimieren

Genauso wie bei jeder anderen Social Media Plattform spielt die Betrachtungszeit eines Nutzers bei einem Beitrag eine sehr große Rolle hinsichtlich der Einschätzung der Relevanz.

» Wenn du Bildbeiträge veröffentlichst, dann gestalte einen Beitrag als Fotostrecke über mehrere Bilder. So wird der Nutzer zwangsläufig zu einer längeren Betrachtungszeit verleitet.

» Verweise in deinem Beitrag z. B. auch auf die Beitragsbeschreibung, in der du z. B. zu dem Thema noch zusätzliche Informationen hinzufügst. Deine Beschreibung sollte natürlich ordentlich gegliedert sein, damit ein Nutzer sich die Mühe macht, den Text zu lesen. Ganz wichtig hierbei:

Verwende Absätze. Es gibt nichts Abstoßenderes als ein ewig langer Text ohne Absätze.

» Nutze bei Erklärungsvideos das Prinzip des Storytellings und baue abhängig von deiner Zielgruppe Unterhaltung in deine Videos ein.

Story

Nutze auf jeden Fall Stories, um mehr Reichweite für dein Profil zu bekommen. Dabei macht es absolut Sinn, über den Tag verteilt immer wieder etwas in deine Story einzubauen. Denn dann wird deine Story immer wieder vorne bei den Nutzern angezeigt. Aus der Praxis kann ich dir 3-6 Stories pro Tag empfehlen.

Eigene Aktivität

Aktive Accounts, die mit anderen Accounts interagieren, werden von Instagram als Gegenleistung mit höherer Sichtbarkeit belohnt. Deshalb wende auf jeden Fall die folgenden Strategien an:

» **Abo-for-Abo**: Indem du anderen Nutzern folgst, machst du ebenfalls auf dein Profil aufmerksam. Wenn dein Profil für die Person als interessant erscheint, wird diese dir zurück folgen. Dabei solltest du allerdings nicht einfach bei irgendwelchen Nutzern eine Aboanfrage stellen, sondern nur bei relevanten und aktiven Nutzern. Dafür kannst du einfach bei deinen Konkurrenten, die Nutzer aussuchen, die deren Beiträge liken. Damit wären beide Kriterien: Relevanz und Aktivität abgedeckt.

» **Like-for-Like**: Du kannst bei den gleichen Nutzern, welchen du eine Aboanfrage stellst, auch einige Beiträge liken. So machst du noch mehr auf dich aufmerksam und die Nutzer fühlen sich wertgeschätzt. Außerdem solltest du bei

Profilen, die keine direkte Konkurrenz zu deinem Profil stellen, sondern sich im gleichen Themenfeld bewegen, Likes bei Beiträgen vergeben. So gewinnst du ebenfalls Partner, die dich hinsichtlich Likes immer unterstützen werden.

» **Comment-for-Comment**: Genau das gleiche Spiel wie bei den Likes, solltest du auch mit Kommentaren machen.

Professionelles Konto (Insights)

Das erste was du mit deinem Instagramkonto machen solltest, ist, es zu einem professionellen Konto umzustellen. Zum einen kannst du so dein Unternehmen bzw. dein Angebot einer Kategorie zuordnen, wodurch der Algorithmus erste Informationen bekommt, in welchen Fällen er dein Profil vorschlagen kann. Zum anderen bekommt man so Zugang zur Auswertung einiger wichtiger Kennzahlen (wie Impressionen, Reichweite usw.) bei seinen Beiträgen und Stories. Die Auswertungen findest du über den Button „Insights". Somit kannst du analysieren, welche Inhalte bei deinen Followern am besten ankommen und welche Inhalte unter Umständen vom Algorithmus bevorzugt wurden. Das kann zum Beispiel mit einer hochrelevanten Auswahl von Hashtags zusammenhängen. Verändere wie immer möglichst nur eine Variable, um zu schauen, wie es sich auf deine Reichweite auswirkt.

Wenn du noch detailliertere Tipps zum Algorithmus benötigst, dann kann ich dir an dieser Stelle meinen **Amazon-Bestseller zu Instagram Marketing** empfehlen. Dort gebe ich dir unter anderem meine Insider-Tipps an die Hand. So holst du da Maximum aus Instagram Marketing heraus![2]

---

[2] https://bit.ly/instagrammarketing_am

Monetarisierung

Bisher gibt es keine Möglichkeit, durch das Erstellen von Content direkt von Instagram dafür vergütet zu werden. Allerdings gab es bereits erste Betatests, um Werbung vor IG-TV Videos schalten zu können. Dementsprechend könnten IG-TV Videos in Zukunft monetarisiert werden.

Marketingstrategien

Auf Instagram können alle vorgestellten Strategien angewendet werden.

Kaltakquise kann ganz leicht durch das Versenden von DMs durchgeführt werden. Die Suche nach geeigneten Profilen gestaltet sich zudem sehr einfach, da Nutzer mit notwendigem Interesse ganz leicht über die Abonnenten relevanter Seiten gefunden werden können.

Organisches **Content Marketing** kann ebenfalls perfekt angewendet werden. Hier ist der Schlüssel zum Erfolg, verschiedene Funktionen der Plattform einzubeziehen und so für Abwechslung bei den Followern zu sorgen.

Bezahlte Werbeanzeigen eignen sich ebenfalls als Methode auf Instagram. Vor allem, weil die Werbeanzeigen sehr gut in den Feed eingebettet sind und so für den Nutzer nicht direkt als lästige Werbung auffallen. Da Stories sehr regelmäßig angeschaut werden, und bei Stories die Aufmerksamkeit des Nutzers zu 100 Prozent auf dem Bild liegt, konvertieren Story-Werbeanzeigen hervorragend. Natürlich nur, wenn sie alle Kriterien erfolgreicher Werbeanzeigen erfüllen. Bei diesem Werbeanzeigentyp solltest du aber darauf achten, dass du deine Message kurz und knackig darlegst, da ein Nutzer einer Story in der Regel nur wenige Sekunden Aufmerksamkeit schenkt. Wenn diese ihm nicht zusagt, dann wird sie weitergeklickt. Aus diesem Grund solltest du die Story-Werbeanzeige immer in Kombination mit Feed-Werbeanzeigen verwenden. Videos konvertieren in der Regel immer besser als Bildwerbeanzeigen. Außer wenn es sich um Follow-up Anzeigen handelt. Da kannst du nämlich davon ausgehen, dass der Interessent mit dem Inhalt bereits vertraut ist.

Beachte außerdem bei Werbeanzeigen auf Instagram, dass Instagram primär auf dem Smartphone verwendet wird. Deshalb sorge unbedingt dafür, dass deine Website bzw. Landingpage für Smartphones optimiert ist.

Besonderheit: Auf Instagram können bereits auch einfache Online-Shops direkt integriert werden. Somit kannst du ohne Umwege zu deinem Online-Shop Produkte über Instagram verkaufen. Eine Bezahlfunktion für Kunden wird nämlich auch angeboten.

Hilfreiche Tools und Apps

Fotobearbeitungsapps

- ✓ Adobe Photoshop und/oder Adobe Lightroom für die Bildbearbeitung. Um die Arbeit mit Adobe Lightroom zu erleichtern, können ebenfalls bereits vordefinierte „Presets“ gekauft werden.
- ✓ Adobe Illustrator oder Affinity Designer für die Erstellung von Grafiken.

Videobearbeitungsapps

- ✓ Hyperlapse für die Erstellung von Zeitrafferclips
- ✓ Boomerang für die Erstellung von Animationen mit einem Vor- & Zurückeffekt

Hashtagsanalyse

- ✓ InTags stellt eine gute App dar, um die besten Hashtags für deine Posts ausfindig zu machen.
- ✓ Keywordstool.io bietet dir ebenfalls eine Analyse von Hashtags. Wobei hier die kostenlose Nutzung sehr eingeschränkt ist.

Verlinken mehrerer Websiten/Landingpages

- ✓ Linktree bietet sich für die Verknüpfung von mehreren Webseiten bzw. Landing Pages in deiner Profilbeschreibung an. Dabei kann ebenfalls die kostenpflichtige Version verwendet werden, um weitergehende Analysen (Klickrate usw.) durchzuführen. Das kann allerdings durch die Verwendung eines Link-Shorteners wie Bit.ly umgangen werden.

Analyse Nutzerverhalten

- ✓ WhenToPost kann für die Analyse des Nutzerverhaltens verwendet werden, um die beste Zeit zur Veröffentlichung zu identifizieren.

Analyse von Wettbewerben

- ✓ Mit Social Blade kannst du die Entwicklung der Reichweite von Wettbewerbern analysieren und so z. B. virale Beiträge identifizieren.

3.4 YouTube

YouTube wurde bereits 2005 in den USA gegründet und stellt eine Plattform zum Teilen von Videos dar. Ein Jahr später wurde das Unternehmen von Google aufgekauft. Heute stellt YouTube eine nennenswerte Alternative zum Fernsehen dar, da YouTube den Vorteil bietet, sich seine Lieblingskanäle und seine Lieblingsvideos unabhängig von der Uhrzeit anschauen zu können. Wie auch bei allen anderen Plattformen überwiegt bei YouTube die mobile Smartphone- bzw. Tabletnutzung der Plattform. Allerdings kommt bei Y-ouTube hinzu, dass die App auch bereits über Fernseher verwendet werden kann. Das solltest du vor allem bei der Erstellung von bezahlten Werbeanzeigen beachten.

Generell ist YouTube kostenlos nutzbar. Allerdings gibt es ebenfalls eine kostenpflichtige Version („YouTube Premium") als monatliches Abonnement. Das erlaubt Nutzern ohne Werbeunterbrechungen, Videos sowohl online, offline als auch im Hintergrund während anderer Aktivitäten auf dem Smartphone anzuschauen. Zudem bekommen Nutzer von YouTube Premium einen Zugang zu YouTube Music Premium (Musik-Streaming Dienst) und zu YouTube Originals (Film- und Serien-Streaming Dienst).

Kommunikation und Interaktion

Als YouTube gegründet wurde, gab es nur eine einzige Funktion auf der Plattform, nämlich private Videos mit anderen zu teilen. Y-ouTube entwickelte sich allerdings relativ schnell in eine der erfolgreichsten Social Media Plattform für Contentcreator und heutzutage auch für Fernsehsender und Werbetreibende.

Das Teilen von aufgenommenen Videos stellt immer noch den primären Weg der Kommunikation dar. Dabei werden mittlerweile komplette Sendungen von Fernsehsendern auf YouTube veröffentlicht. Hierfür ist es erforderlich, einen eigenen Kanal bzw. Channel zu eröffnen. Danach können Videos auf dem Channel veröffentlicht werden.

Zusätzlich können Livestreams durchgeführt werden, um eigene Follower live an einem Event teilnehmen zu lassen. Dabei werden ebenfalls Livekommentare der Nutzer zugelassen.

Nach und nach hat YouTube die Möglichkeiten für Contentcreator erweitert und erlaubt nun auf dem Profil auch Bilder, Textbeiträge und Umfragen zu veröffentlichen.

Als Nutzer von YouTube hat man die Möglichkeit, durch Liken, Kommentieren oder Teilen mit den Contentcreatorn und anderen Nutzern zu interagieren. Das Besondere an YouTube ist, dass eine negative Reaktion in Form eines „Daumen nach unten" möglich ist.

Außerdem hat YouTube ebenfalls eine Storyfunktion auf der Plattform integriert. So können ebenfalls auf YouTube Inhalte geteilt werden, die nur für 24 Stunden sichtbar sind.

Zielgruppe

Tabelle 4: ***Nutzeralter YouTube*** *(Quelle: Google Ad Manager)*

Altersgruppe	Anteil
18 – 24 Jahre	11 %
25 – 34 Jahre	23 %
35 – 44 Jahre	26 %
45 – 54 Jahre	16 %
55 – 64 Jahre	8 %
Ab 65 Jahren	3 %
Unbekannt	13 %

Laut offiziellen Statistiken sind die meisten Nutzer von YouTube im Alter zwischen 25-44 Jahre. Somit lässt sich ausschließen, dass sich nur Jugendliche auf der Plattform befinden. Das führt dazu, dass genügend zahlungskräftige Kunden auf der Plattform vorhanden sind.

Ebenfalls ist eine Aufteilung der Nutzer nach dem Geschlecht vorhanden. Und zwar ist ein deutlicher Unterschied von männlichen und weiblichen Nutzern zu beobachten.

Tabelle 5: ***Geschlecht der Nutzer auf YouTube***
(Quelle: Google Ad Manager)

männlich	weiblich
62 %	38 %

Allerdings soll das nicht bedeuten, dass keine Frauen über YouTube erreicht werden. Es gibt nämlich zahlreiche Channels, die eine weibliche Zuschauergruppe besitzen. Als Beispiel können Channels im Beautybereich genannt werden.

Dabei muss ebenfalls festgehalten werden, dass der Großteil der Zuschauer, YouTube mobil auf dem Smartphone nutzt. Das sollte bei der Erstellung von Content und Werbeanzeigen berücksichtigt werden.

Popularität

In der Vergleichsübersicht bzgl. der Popularität der verschiedenen Plattformen belegt YouTube den 4. Platz.

Unter Suchmaschinen befindet sich YouTube bei den monatlichen Suchanfragen auf Platz zwei. Nur Google bekommt mehr Suchanfragen pro Monat. Dabei kann man durchaus feststellen, dass YouTube in ihrer Nische (soziales Netzwerk für das Teilen von längeren Videos) bisher unangefochten ist. Instagram hat den Vorstoß mit IG-TV versucht, allerdings kommt dieses Feature bisher nicht an YouTube heran. Als einzige Konkurrenz zu YouTube kann nur das Fernsehen angesehen werden. Dabei hat YouTube das Fernsehen allerdings bereits meilenweit abgehängt. Vor allem gibt es auf YouTube mehr Zuschauer im Alter von 18 bis 49 Jahren als es im deutschen Fernsehen der Fall ist.

Auslastung

53 % der Unternehmer nutzen YouTube (Platz 4) für ihr Marketing. Dabei ist allerdings erstaunlich festzustellen, dass bezahlte Werbung nur von 14 % verwendet wird. Das spiegelt sich auch in der Praxis wider. Und zwar sind die Werbepreise auf YouTube im Vergleich zu anderen Plattformen wie Facebook und Instagram relativ gering. Das stellt für dich somit eine sehr große Chance dar, vor allem in Bezug auf Marketing mit bezahlten Werbeanzeigen.

Algorithmus

Beim Algorithmus müssen wir auf zwei Dinge achten. Und zwar bietet YouTube (im Gegensatz zu Facebook und Instagram) eine sehr praktische Suchfunktion an. Dadurch können Nutzer nach einem Thema in der Suchleiste suchen, um gezielt Videos zu dem Thema vorgeschlagen zu bekommen. Somit macht auf YouTube eine SEO-Optimierung sehr viel Sinn. Denn bei Suchmaschinen, egal ob Y-ouTube, Amazon oder Google, werden in fast alles Fällen nur Ergebnisse der ersten Seite von einem Nutzer angeschaut. Wie die folgende Grafik bezogen auf YouTube darlegt, bekommen dabei die ersten 5 gerankten Ergebnisse die meiste Sichtbarkeit. Aus diesem Grund solltest du auf YouTube unbedingt auf eine SEO-Optimierung setzen.

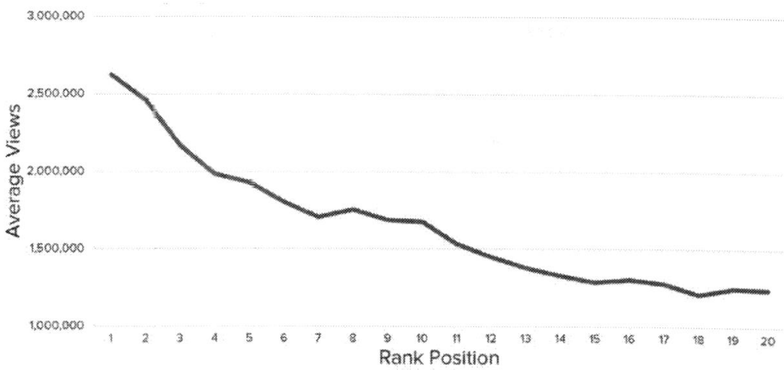

Abbildung 8: ***Rankposition im Vergleich zu den erhaltenen Views eines Videos auf YouTube*** *(Studie von briggsby.com)*

Auf der anderen Seite werden einem Nutzer abhängig von seinen Interessen direkt Videos auf der Startseite offeriert. Somit werden Videos mit einer guten Performance vom Algorithmus weiteren Nutzern vorgeschlagen.

Das Ziel sollte somit sein, beide Seiten des Algorithmus abzudecken. Wie du das erreichst, schauen wir uns in diesem Kapitel an. Die folgende Grafik zeigt die wesentlichen Faktoren mit der Gewichtung für den YouTube-Algorithmus auf.

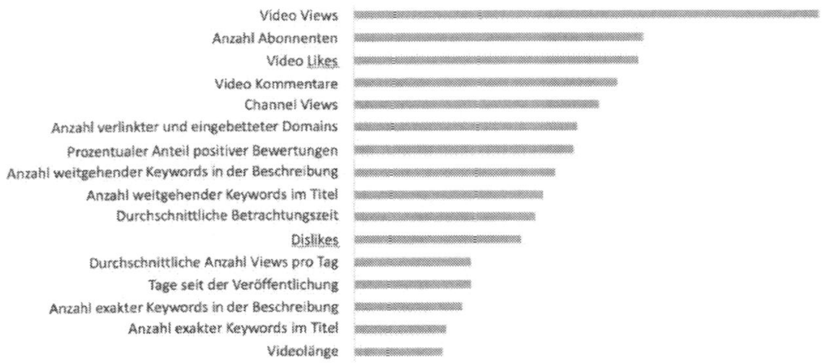

Abbildung 9: ***Faktoren YouTube-Algorithmus*** *(Quelle: Studie von briggsby.com)*

Was wenig überrascht, ist, dass Faktoren wie Video Views, Anzahl Likes und Anzahl Kommentare eines Videos zu den wesentlichen Faktoren gehören. Allerdings gibt es ebenfalls Faktoren, die nicht jeder auf dem Schirm hat, und dazu zählen:

✓ Weitgehende Übereinstimmung bei Keywords rankt besser als eine exakte Übereinstimmung bei Keywords. Bei einer exakten Übereinstimmung handelt es sich um eine 1:1 Wiedergabe eines Keywords: Sowohl in der Reihenfolge der Wörter als auch in der Schreibweise. Bei einer weitgehenden Übereinstimmung können die Reihenfolge und Schreibweise anders sein. Dieser Reihenfolge soll nämlich verhindern, dass Keywordstuffing betrieben wird. Außerdem ist es in der Regel so, dass Titel mit Keywordstuffing sowieso wenig ansprechend sind und somit eine geringe Conversion aufweisen.

Beispiel Keyword: „Python programmieren für Einsteiger“

Titel (exakt): „Python programmieren für Einsteiger – schnell und einfach Python lernen“

Titel (weitgehend): „Wie du als Einsteiger schnell und einfach Python programmieren lernst“

Die weitgehende Übereinstimmung der Keywords überwiegt dabei nicht nur im Titel, sondern auch in der Beschreibung. Aus diesem Grund brauchst du Keywords nicht wahllos aneinanderreihen, sondern kannst ebenfalls eine sehr gute Conversionoptimierung durchführen, ohne dabei auf Sichtbarkeit verzichten zu müssen.

- ✓ So komisch es klingt: je mehr Dislikes ein Video hat, desto besser ranked es. Das liegt daran, dass ein Dislike ebenfalls eine Interaktion darstellt. Und Inhalte, die eine hohe Interaktionsquote haben, werden auf allen Plattformen bevorzugt. Allerdings muss hier beachtet werden, dass der prozentuale Anteil positiver Bewertungen als stärkeres Kriterium gewertet wird. Das heißt also: Dislikes führen zu einer höheren Sichtbarkeit, sollten aber in einem gesunden Verhältnis zu Likes stehen.
- ✓ Anzahl Abonnenten als zweitstärkstes Rankingkriterium. Somit werden durch den Algorithmus Channels bevorzugt, die eine hohe Abonnentenanzahl haben. An sich ganz logisch: je mehr Abonnenten ein Channel hat, desto relevanter sind die Inhalte für eine Zielgruppe. Nun ist es aber so, dass viele Nutzer einen Channel nicht abonnieren, obwohl sie die Inhalte regelmäßig konsumieren. Das liegt daran, dass die Startseite von YouTube aus „empfohlenen Videos“ besteht. Wenn ein Nutzer somit regelmäßig Videos eines Channels schaut, schlägt ihm YouTube die Videos automatisch vor. Aus diesem Grund solltest du deine Zuschauer

stets daran erinnern, deinem Kanal zu folgen.

- ✓ Videos, die in anderen Videos oder auf Websites verlinkt oder auf externen Websites eingebettet werden, ranken höher als andere. Allerdings muss die hohe Relevanz für das Ranking in der Statistik mit Vorsicht genossen werden. Denn es ist nicht auszuschließen, dass die externe Verlinkung einfach nur durch den zusätzlichen Traffic zu mehr Views führt und das schlussendlich für das bessere Ranking verantwortlich ist.

Lass uns einige Kriterien mehr im Detail anschauen, damit du deine Videos perfekt auf den Algorithmus ausrichten kannst.

Videotitel

Du kannst jedem Video einen eigenen Titel vergeben. Die Länge des Titels spielt eine sehr wichtige Rolle für das Ranking, wie die folgende Darstellung es aufzeigt.

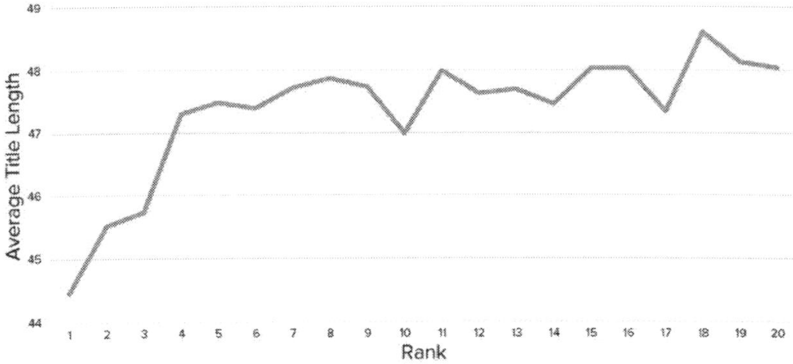

Abbildung 10: ***ideale Titellänge*** *(Quelle: Studie von briggsby.com)*

Wir hatten es bereits mehrmals in diesem Buch, dass Keywordstuffing eher das Gegenteilige bewirkt, als dass es wirklich einen Nutzen bringt. Das beweist auch diese Statistik: und zwar werden Videos mit einem kurzen Titel besser geranked. Das liegt vermutlich auch unter anderem daran, dass kürzere Titel viel besser konvertieren. Somit solltest du für dich mitnehmen: Versuch kurze, reißerische und natürlich interessante Titel für deine Videos zu erstellen. Dabei brauchst du nicht mehr als 2 Keywords im Titel zu platzieren. Und es ist egal, ob das Keyword exakt oder weitgehend übereinstimmt.

Insgesamt sollte das Ziel sein, den Titel auf jeden Fall unter 50 Zeichen zu halten. Das beste Ranking haben in der Regel Videos mit einer Videotitellänge zwischen 10-29 Zeichen. Somit solltest du ebenfalls das Thema deines Videos so präzise wie möglich nach einem Keyword ausrichten.

Videobeschreibung

Zu jedem Video kannst du eine Videobeschreibung hinzufügen. Dabei solltest du die Beschreibung für die folgenden Themen nutzen:

- Kurze Beschreibung des Inhalts vom Video mit der Verwendung der wichtigsten Keywords (weitgehende Übereinstimmung ist vollkommen ausreichend). Achte hierbei auf eine Keyworddichte von ca. 3-5%. Das heißt, wenn sich dein gesamter Beschreibungstext aus 100 Wörtern zusammensetzt, dann sollten davon 3-5 Wörter Keywords sein.
- Verlinkung weiterer Videos von deinem Channel, die mit dem Thema zusammenhängen (inkl. CTA).
- Kompakter Verweis auf deine weiteren sozialen Netzwerke

und deine Website/deinen Onlineshop/deine Landingpage (inkl. CTA).

» Kurzer Produktpich, der zum Thema des Videos passt (inkl. CTA).

Nun solltest du aber die folgende Auswertung zu der Länge der Videobeschreibung beachten:

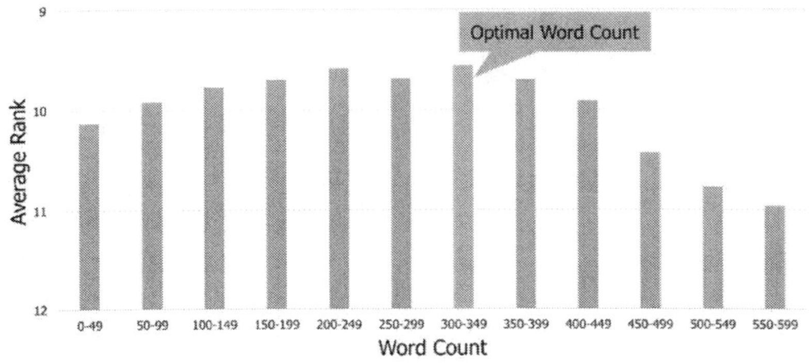

Abbildung 11: Videolänge in Bezug auf den Rank (Studie von briggsby.com)

Eine zu lange Beschreibung (über 450 Zeichen) wirkt sich negativ auf das Ranking aus. Eine zu kurze Beschreibung (unter 100) ist ebenfalls nicht die beste Wahl. Die perfekte Länge deiner Videobeschreibung sollte bei ca. 300-349 Zeichen liegen.

Video Tags

Ähnlich wie bei Instagram, kannst du bei YouTube sogenannte Tags vergeben (= Hashtags bei Instagram).

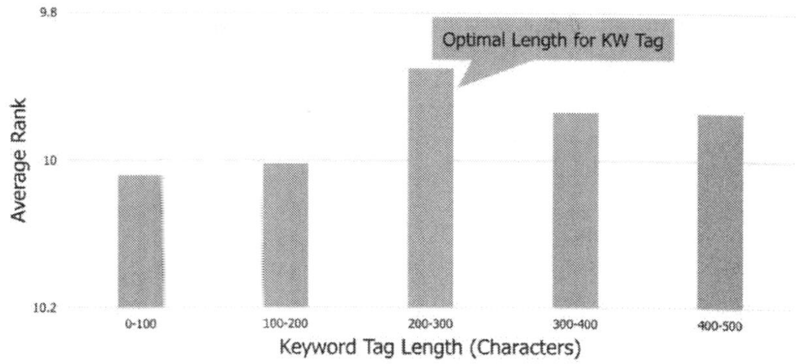

Abbildung 12: ***Länge Video Tags Abschnitts*** *(Studie von briggsby.com)*

Anders als beim Videotitel und bei der Videobeschreibung wirkt sich ein längerer Video-Tags-Abschnitt besser auf das Ranking aus. Dabei ist unter dem „Video-Tags-Abschnitt" die Gesamtlänge aller Tags gemeint. Das Optimum liegt bei einer Abschnittlänge von 200-300 Zeichen.

Schauen wir uns nun die optimale Länge einzelner Video Tags an:

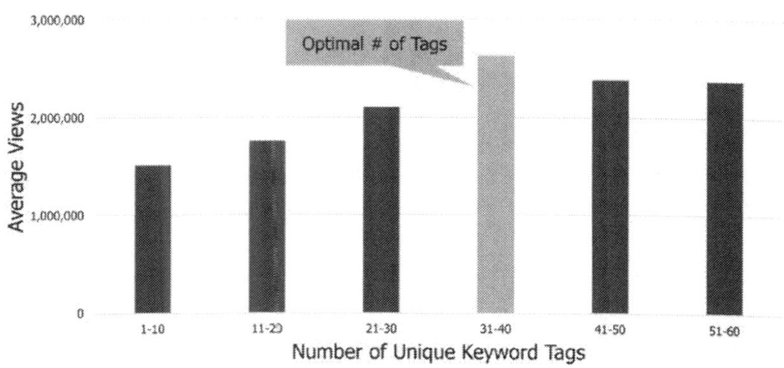

Abbildung 13: ***Länge einzelner Video Tags*** *(Studie von briggsby.com)*

Am besten auf das Ranking wirken sich mittellange Tags (31-40 Zeichen pro Tag) aus. Und zwar lässt sich dieser Punkt auch ganz leicht durch logisches Denken herleiten: Bei kurzen Video Tags ist die Konkurrenz in der Regel viel höher als bei längeren Tags. Bei viel zu langen Tags ist das Suchaufkommen auf der anderen Seite viel zu gering. Aus diesem Grund eignen sich mittellange Tags am besten für die Optimierung des Rankings.

Dabei solltest du beachten, dass Tags für den YouTube-Algorithmus vor allem in der Launchphase (die ersten 6 Wochen) eines Videos notwendige Informationen zur Einordnung des Videos liefern. Nach einer gewissen Zeit (ca. 3 Monaten) spielen für den Algorithmus Tags eine immer geringere Rolle. Denn nach 3 Monaten liegen YouTube ausreichend Daten vor, um dein Video bzgl. der Relevanz zu gewissen Themen selbstständig zu bewerten.

Weitere Optimierungen des Algorithmus

- ✓ Optimiere die Tags und die Beschreibung deines Channels. Hierbei gelten die gleichen Empfehlungen wie bei den Video Tags.
- ✓ Es ist von Vorteil, wenn der Name deines Channels und die URL keywordoptimiert sind. Allerdings stellt das nur einen winzigen Vorteil dar. Viel eher solltest du darauf achten, dass dein Name conversionoptimiert und einzigartig ist.
- ✓ Versuche die Betrachtungszeit eines Videos so lang wie möglich zu gestalten. Dabei zählt zur Betrachtungszeit neben dem eigentlichen Schauen des Videos auch die Auseinandersetzung eines Nutzers mit der Videobeschreibung und den Kommentaren. Dabei gilt die Faustformel: Je länger ein Nutzer auf deinem Video ist, desto relevanter wird dein Video vom Algorithmus eingestuft.
- ✓ Achte stets darauf, dass deine Videos positiv bewertet

werden. Dabei spielt die Videolänge eine überaus wichtige Rolle. Videos zwischen 10 und 20 Minuten werden in der Regel besser bewertet als Videos unter 10 Minuten. Daran merkt man den Unterschied zu Instagram sehr deutlich: Auf Instagram werden kurze Videos bevorzugt, wohingegen der Nutzer auf YouTube sich eher länger mit einem Thema beschäftigen möchte. Videos unter 5 Minuten schneiden auf YouTube in der Regel am schlechtesten ab. Deshalb sollten deine Videos auf jeden Fall eine Länge von mindestens 5 Minuten haben. Wenn möglich, sogar über 10 Minuten.

Monetarisierung

YouTube bietet Contenterstellern die Möglichkeit an, ihren Content zu monetarisieren. Das bedeutet, dass pro 1.000 Videoaufrufe ein gewisser €-Betrag an den Contentersteller ausbezahlt wird. Dieser Ertrag wird durch Werbeeinnahmen vor, während und nach dem Video generiert. Die Höhe des Ertrages richtet sich nach dem Thema und der Zuschauergruppe des Kanals. Je kaufkräftiger und kaufwilliger die Zielgruppe und je mehr Andrang vonseiten Werbetreibenden auf die Videos bestehen, desto höher ist der Ertrag pro Video. Durchschnittlich kann man sich am folgenden Betrag orientieren: 1 bis 1,50 € pro 1.000 Videoaufrufe.

Bevor du allerdings deinen Channel monetarisieren kannst, musst du einige Richtlinien erfüllen.

- ✓ Dein Channel muss in den letzten 12 Monaten eine Wiedergabezeit von mindestens 4.000 Stunden erzielt haben.
- ✓ Dein Channel muss mindestens 1.000 Abonnenten

aufweisen.

- ✓ Dein Channel muss mit einem AdSense-Konto verknüpft sein.
- ✓ Du muss die Monetarisierungsrichtlinien von YouTube erfüllen. Das bezieht sich vor allem auf die Inhalte deines Channels. Diese müssen sich für eine Monetarisierung anbieten. Zum Beispiel werden pornografische Inhalte nicht monetarisiert. Alle weiteren Punkte kannst du direkt unter den offiziellen Richtlinien von YouTube nachlesen. Diese findest du unter diesem Link:

  https://support.google.com/YouTube/answer/1311392

Wenn du noch zu Beginn deiner unternehmerischen Karriere stehst, dann kann sich eine Monetarisierung auf jeden Fall anbieten. Vor allem wenn du auf ein zusätzliches Einkommen angewiesen bist. Sobald du aber eine gewisse Bekanntheit erreichst und deine Haupteinnahmequelle der Verkauf von Produkten bzw. Dienstleistungen ist, brauchst du nicht unbedingt auf eine Monetarisierung setzen, da du so nur eine Plattform für Wettbewerber bietest.

Natürlich kannst du deine Einnahmen als Contentersteller auch etwas erhöhen, indem du zum Beispiel deinen Zuschauer die Möglichkeit bietest, dich monatlich über die Plattform Patreon zu unterstützen.

Marketingstrategien

Kaltakquise (MN-Strategie) als Strategie auf YouTube ist leider nicht so leicht möglich, da Nutzer einen YouTube-Account nur nutzen, um Videos zu schauen. YouTube wird somit gar nicht als Plattform zum Versenden von Nachrichten gesehen. Allerdings kannst du trotzdem den Versuch starten und vor allem Nutzern, die regelmäßig unter deinen Videos kommentieren anschreiben. So wirst du unter Umständen den einen durch Kaltakquise für dein Angebot überzeugen können.

Content Marketing kann wiederum auf YouTube sehr gut als effektive Strategie angewendet werden, da YouTube genau dafür ausgelegt ist. Achte allerdings besonders auf eine herausragende Qualität deiner Videos, da das ein wesentliches Kriterium für die Zuschauer ist. Stelle Somit sicher, dass die Video- als auch die Audioqualität stimmen. Deshalb investiere ruhig etwas in eine professionelle Kamera, ein ordentliches Mikrofon und in eine Videobearbeitungssoftware. Damit Nutzer zurechtkommen, die etwas später auf deinen Channel stoßen, solltest du Playlisten gegliedert nach Themenfeldern erstellen. So bringst du Nutzer ebenfalls dazu, dass sie eine Zeit lang nur deine Videos nacheinander schauen. Das wirkt sich positiv auf den Algorithmus aus.

Bezahlte Werbeanzeigen solltest du ebenfalls anwenden. Aus finanzieller Sicht solltest du bezahlte Werbeanzeigen auf YouTube sogar Werbeanzeigen auf Facebook und Instagram vorziehen.

Bei Werbeanzeigen stehen dir die folgenden Arten zur Auswahl:

» Überspringbare In-Stream-Anzeigen (=TrueView Video Ads)

» Nicht überspringbare In-Stream-Anzeigen

» Bumper-Anzeigen

» Video Discovery-Anzeigen

» Out-Stream-Anzeigen

» Masthead-Anzeigen

Bevor wir jede Anzeigenart im Detail anschauen, will ich dir vorab eine klare Empfehlung geben: Genauso wie bei allen anderen Plattformen, solltest du dich zuerst du auf die Anzeigenart mit dem größten Potential konzentrieren. Bei YouTube zählen hier ganz klar die In-Stream und Bumper-Anzeigen. Alle anderen Anzeigenarten kannst du in deine Werbemaßnahmen nach und nach hinzunehmen. Allerdings sollte deine Erwartungshaltung nicht zu hoch sein.

Außerdem musst du wie bei jeder anderen Plattform auch, deiner Anzeige ein Marketingziel zuordnen. Dabei sind die vorgegebenen Ziele außer bei überspringbaren In-Stream-Anzeigen durch YouTube eingeschränkt. Die Zielauswahl gibt dem Algorithmus einen Weg vor, nach dem er die Anzeige optimieren soll. Trotzdem kannst du bei jeder Anzeige mit einem CTA auf deine Website, Landing Page oder deinen Online-Shop verlinken und so direkt Verkäufe und Anfragen generieren.

Lass uns nun die einzelnen Anzeigenarten anschauen.

Bei **überspringbaren In-Stream-Anzeigen** handelt es sich um Werbeanzeigen, die vor, während oder nach dem Video eingeblendet werden. Dabei hat ein Nutzer die Möglichkeit, die Werbeanzeige nach 5 Sekunden zu überspringen. Somit musst du bei dieser Art der Anzeige besonders darauf achten, dass du den Nutzer in den ersten 5 Sekunden überzeugst. Eine Begrenzung der Videolänge gibt es bei dieser Anzeigenart nicht. Kosten (Tausender-Kontakt-Preis = TKP) fallen erst an, wenn ein Nutzer die Werbeanzeige länger als 30 Sekunden anschaut.

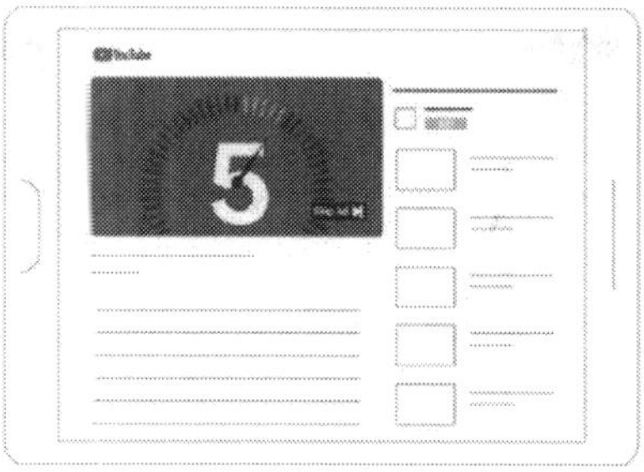

*Abbildung 14: **überspringbare In-Stream-Anzeigen** (Quelle: support.google.com)*

Diese Art der Werbeanzeige eignet sich, wenn du zum einen nur ein geringes Werbebudget hast und so vermeiden willst, dass Nutzer, die nicht unbedingt Interesse an dem Angebot haben, deine Anzeige anschauen. Die Möglichkeit zu überspringen sorgt ebenfalls dafür, dass nur Nutzer, die wirklich aktuell Bedarf haben bzw. interessiert sind, sich mit deinem Angebot näher beschäftigen. Das macht dann Sinn, wenn du für dein Angebot eine Qualifizierung durchführen möchtest, um so im Vorfeld die Interessenten auszusortieren. Diese Art der Anzeige kommt bei den Nutzern zudem nicht wirklich negativ an, da sie nur 5 Sekunden von dem eigentlichen Video abgehalten werden. Auf der anderen Seite besteht aber die Gefahr, dass deine Anzeige unter Umständen sehr wenig Aufmerksamkeit bekommt. Dann hast du zwei Möglichkeiten es zu optimieren: Entweder hast du die Zielgruppe nicht genau ausgewählt oder dein Video erzeugt in den ersten 5 Sekunden nicht genug Interesse.

Bei dieser Art der Anzeige hast du die größtmögliche Auswahl bzgl. des Marketingziels. Und zwar kannst du nach „Umsatz“, „Leads“, „Zugriffe auf die Website“, „Markenbekanntheit und Reichweite“ und „Produkt- und Markenkaufbereitschaft“ deine Anzeigen ausrichten.

Bei **nicht überspringbaren In-Stream-Anzeigen** handelt es sich um Werbeanzeigen vor, während und nach dem Video, die von einem Nutzer nicht übersprungen werden können. Da diese Art der Werbeanzeige von Nutzern als sehr aufdringlich und nervig wahrgenommen wird, wurden diese von YouTube auf eine Länge von 15 Sekunden begrenzt. Ich empfehle dir, bei der Art der Anzeige aber nicht länger als 10 Sekunden in Anspruch zu nehmen, da unabhängig davon, wie gut du es mit deiner Anzeige meinst – sie wird entweder nicht angeschaut, da das Smartphone für die Zeit weggelegt oder das Video geschlossen wird oder die Zuschauer entwickeln eine negative Einstellung gegenüber deinem Angebot.

Abbildung 15: ***Nicht überspringbare In-Stream-Anzeige*** *(Quelle: support.google.com)*

Am besten nutzt du diese Art der Anzeige nur für kurze Follow-Ups, um einen Nutzer an dein Angebot zu erinnern oder als eine kurze Anzeige, die sehr großes Interesse weckt und der Nutzer dein Angebot im Hinterkopf behält. Um eine negative Einstellung gegenüber deinen Anzeigen zu vermeiden, solltest hier besonders darauf achten, dass die Anzeige nur die relevante Zielgruppe trifft und die Anzeige wirklich kreativ, interessant und einzigartig gestaltet ist. Die Abrechnung dieser Anzeigenart erfolgt direkt nach der ersten Sekunde und ebenfalls nach Anzahl der Impressionen (TKP). Hier kannst du als Marketingziel nur „Markenbekanntheit und Reichweite“ aussuchen.

Wenn du deine Botschaft sogar noch kürzer halten kannst, dann solltest du direkt auf **Bumper-Anzeigen** setzen. Diese sind nämlich auf 6 Sekunden begrenzt und können nicht übersprungen werden. Wichtig anzumerken: Bei 6 Sekunden sind Nutzer noch eher bereit sich sie Anzeige anzusehen, ohne das Smartphone für eine andere Tätigkeit wegzulegen oder eine negative Einstellung gegenüber der Anzeige zu entwickeln. Das äußert sich ebenfalls in einer größeren Positivität und Verständnis gegenüber der Werbeanzeige.

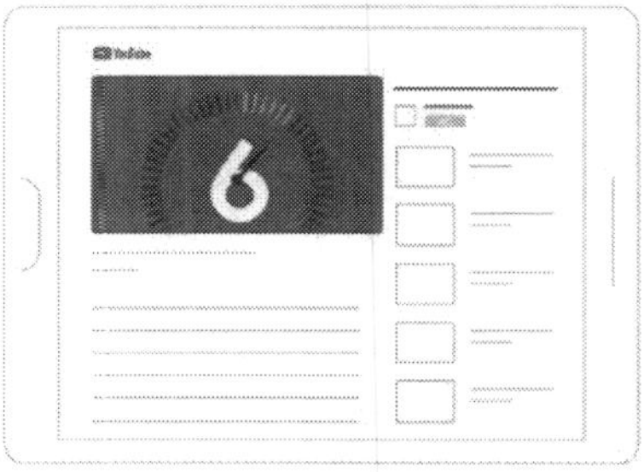

Abbildung 16: ***Bumper-Anzeige YouTube*** *(Quelle: support.google.com)*

Versuche bei dieser Anzeigenart, den Zuschauer nicht mit Informationen zu überfordern. Setz lieber auf eine zentrale Message und ein sehr kreativ animiertes Kurzvideo, das in kurzer Zeit Interesse weckt. Außerdem eignet sich die Anzeige, um deine Gesamtbekanntheit zu steigern und Follow-Ups zu betreiben. Hier kannst du ebenfalls nur „Markenbekanntheit und Reichweite“ als Marketingziel aussuchen. Eine Abrechnung erfolgt hier ebenfalls nach Anzahl der Impressionen (ab Sekunde 1).

Bei **Video-Discovery-Anzeigen** handelt es sich um bezahlte „Videovorschläge“. Und zwar wird deine Anzeige als Suchergebnis bei einer Suchanfrage, als Empfehlung beim Schauen von Videos und als Empfehlung auf der Startseite von YouTube angezeigt. Zwar werden diese Vorschläge mit einem „Ad"-Banner markiert, allerdings fällt das einem Nutzer kaum auf.

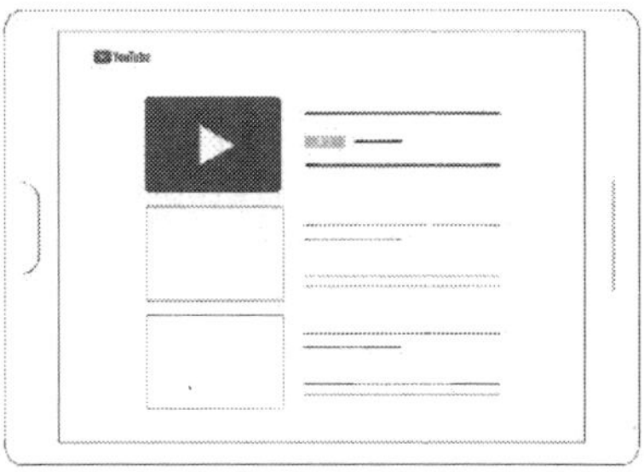

Abbildung 17: ***Video-Discovery-Anzeige*** *(Quelle: support.google.com)*

Mit dieser Anzeige kannst du zwei verschiedene Strategien anwenden:

- ✓ Du bewirbst ein Video von dir zu diesem Thema. Am besten wählst du eins aus, das bereits organisch im Rahmen der Content Marketing Strategie eine sehr positive Resonanz und auch Ergebnisse erzielt hat. So kommen Nutzer mit deinem Channel in Kontakt, werden dir folgen und so früher oder später zu Kunden werden.
- ✓ Du bewirbst ganz normal ein Werbevideo, um direkt auf dein Angebot aufmerksam zu machen.

Bei dieser Anzeigenart kannst du deiner Anzeige ebenfalls einen Titel und einen kurzen Beschreibungstext hinzufügen. Optimiere deinen Titel und die Beschreibung vor allem hinsichtlich Conversion. Also baue wichtige Verkaufselemente ein und halte den Titel als auch die Beschreibung kurz und knackig. Benenne also eindeutig, an wen sich die Anzeige richtet, welches Problem dein Angebot löst, welche Vorteile es dem Interessenten bringt und was ihn alles erwartet. Ebenfalls kannst du wie bei jedem Video ein Thumbnail aussuchen, das bei deiner Zielgruppe Interesse weckt.

Abgerechnet wird bei diesem Anzeigentyp pro Klick. Das heißt, du zahlst erst, wenn ein Nutzer aktiv auf dein Video klickt. Das hat den Vorteil, dass du auch mit einem geringen Budget schnell profitable Ergebnisse erzielen kannst und du stellst sicher, dass deine Anzeige nur Nutzer sehen, die sich wirklich für das Angebot interessieren. Der Nachteil ist, dass deine Anzeige unter Umständen kaum Ergebnisse liefert, da sie nicht gesehen wird. Hier solltest du den Titel, die Beschreibung und das Thumbnail verkaufstechnisch sehr gut optimieren, damit deine Anzeige angeklickt wird.

Als Marketingziel kannst du bei diesen Anzeigen „Produkt- und Markenkaufbereitschaft" auswählen.

Seit 2018 gibt es die Möglichkeit **Out-Stream-Anzeigen** zu schalten. Hierbei handelt es sich um Werbeanzeigen, die außerhalb von YouTube bei Google-Partnern, aber nur auf Mobilgeräten angezeigt werden. Bei den Partnern handelt es sich zum Beispiel um Websiten oder Blogs, die Google-Anzeigen erlauben. Dabei wird zunächst ein Video ohne Ton abgespielt. Sobald ein Nutzer auf die Anzeige tippt, wird die Stummschaltung aufgehoben.

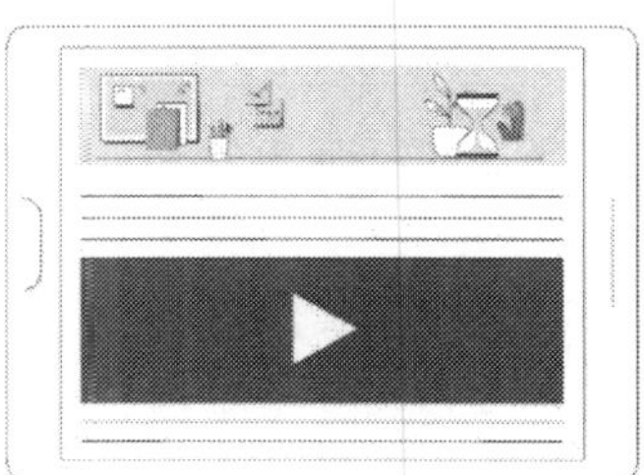

Abbildung 18: ***Out-Stream-Anzeige YouTube*** *(Quelle: support.google.com)*

Diese Anzeigenart bietet sich vor allem an, wenn du deine Reichweite und Markenbekanntheit auch außerhalb von YouTube vergrößern willst. Das ist auch das Ziel, das du bei dieser Anzeige für die Algorithmusoptimierung aussuchen kannst. Zusätzlich solltest du einen Anzeigentitel, eine Beschreibung, einen Call-to-Action, dein Logo und eine URL einbauen. Abgerechnet wird bei dieser Anzeigenart nach Impressionen (ab Sekunde 2).

Die letzte Anzeigenart stellen die **Masthead-Anzeigen** dar. Diese Art der Anzeige wird auf der Startseite von YouTube ganz oben platziert. Abhängig davon, auf welchem Medium Nutzer gerade auf YouTube zugreifen, wird die Anzeige etwas anders angezeigt und ausgespielt. Auf Computern läuft das Video automatisch ohne Ton für 30 Sekunden. Danach können Nutzer entweder auf das Thumbnail, um sich das gesamte Video anzuschauen oder auf einen CTA klicken, um auf eine Website, Landing Page oder einen Online-Shop weitergeleitet zu werden. Auf Smartphones, Tablets und dem Fernseher läuft das Video ohne Ton über die gesamte Videolänge.

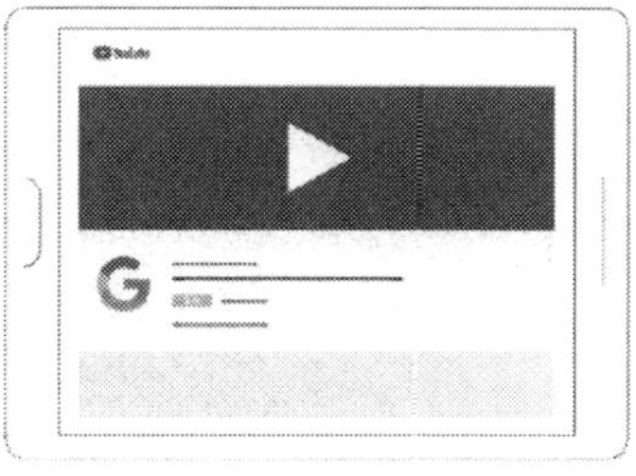

Abbildung 19: ***Masthead-Anzeige YouTube*** *(Quelle: support.google.com)*

Um die Anzeige schalten zu können, musst du dich davor im Vorfeld mit dem Media-Placement Team von YouTube/Google in Verbindung setzen. Danach kannst du diese Anzeigenart entweder auf Tagesbasis oder für eine bestimme Anzahl an Impressionen buchen.

Für diese Anzeige kommen allerdings in der Regel Kosten im 5-stelligen Bereich pro Tag auf. Aus diesem Grund eignet sich diese Werbeanzeige für dich nur, wenn du bereits eine etablierte Marke hast und deine Bekanntheit und Reichweite allgemein vergrößern möchtest.

Hilfreiche Tools

Analysetools

» Mit der Extension für den Chrome Browser „**TubeBuddy**" kannst du auf YouTube jegliches Video hinsichtlich SEO analysieren. Ebenfalls bietet sich das Tool dafür an, um eine Keywordanalyse zu machen.

» Eine Alternative zu TubeBuddy ist „**vidIQ Vision**", die auch als Chrome Extension verfügbar ist. Insgesamt bietet es ähnliche Funktionen wie TubeBuddy. Deshalb empfehle ich dir, beide Tools mal auszuprobieren und das passende für dich auszusuchen und dich evtl. für eine kostenpflichtige Variante bei einem der Tools zu entscheiden, da dir dann deutlich mehr Analysemöglichkeiten zur Verfügung stehen.

Keywordtool

» Mit **Keywordstool.io** kannst du Keywords auf YouTube analysieren und weitere Keywordvorschläge generieren.

Thumbnailerstellung

» Für die Erstellung von passenden und aussagekräftigen Y-ouTube Thumbnails kannst du das webbasierte Tool von **Canva** nutzen.

3.5 LinkedIn

LinkedIn ist eine in den USA in 2002 gegründete Plattform, die vor allem für die Knüpfung von beruflichen und geschäftlichen Kontakten und Verbindungen genutzt wird. Vor allem richtet sich das Netzwerk an Angestellte und Beschäftigte, die einen neuen Job bzw. weitere Karrieremöglichkeiten erhalten wollen. Dafür bietet LinkedIn einige hilfreiche Funktionen, wie der Empfehlung von Stellenausschreibungen, Vergleich von Verdienstmöglichkeiten und eine eigene Lernplattform. Für diese Personengruppe ist ebenfalls die Möglichkeit vorhanden, eine kostenpflichtige Version von LinkedIn zu erwerben. Diese verspricht den Nutzern bessere Chancen bei der Jobsuche und dem Aufstieg auf der Karriereleiter.

Zusätzlich zu diesen Inhalten bietet LinkedIn ebenfalls einen ähnlichen Service (ProFinder) zu „fiverr“ an. Und zwar können sich Unternehmer und Unternehmen mit Freelancern für ein gewisses Projekt vernetzen.

Bei LinkedIn kann man zudem von einer „Two-sided“-Plattform reden, bei der auf der einen Seite Anbieter und auf der anderen Seite Nachfrager benötigt werden. Als Nachfrager können Privatpersonen (also Angestellte und Beschäftigte) und als Anbieter Unternehmen (in der Regel Recruiter der Unternehmen) angesehen werden. Somit funktioniert die Plattform nur, wenn beide Seiten genügend Nutzer aufweisen.

Allerdings hat LinkedIn bereits neben dieser Funktion, die Plattform auch zu einer typischen Social Media Plattform ausgeweitet, bei der Nutzer, also zum Beispiel Angestellte untereinander oder Angestellte mit Unternehmen, wie auf den anderen Social Media

Plattformen interagieren können. Wie das Ganze funktioniert und wie du das für dein Social Media Marketing nutzen kannst, schauen wir in diesem Kapitel an.

Insgesamt kannst du also LinkedIn dafür nutzen, um mehr Neukunden zu generieren, die Kundenloyalität zu erhöhen und Mitarbeiter für dein Unternehmen zu suchen.

Kommunikation und Interaktion

Die Kommunikation und Interaktion auf LinkedIn kann fast nahezu deckungsgleich mit der auf Facebook verglichen werden. Der einzige Unterschied bisher ist, dass LinkedIn (noch) keine Storyfunktion anbietet.

Nutzer haben die folgenden Möglichkeiten, miteinander zu kommunizieren:

» Direktnachrichten im Chat

» Veröffentlichen von Beiträgen, die den „Freunden/Kontakten" angezeigt werden

Damit Beiträge von anderen Nutzern angezeigt werden, muss man sich zuvor „vernetzen". Dieser Akt ist 1:1 mit dem Versenden von Freundschaftsanfragen auf Facebook gleichzusetzen. Dabei muss die Vernetzung ebenfalls durch beide Parteien aktiv vorgenommen werden.

Ähnlich verhält es sich ebenfalls bei (Unternehmens-)Seiten wie auf Facebook. Diese können Nutzer durch ein einfaches „Folgen" abonnieren und erhalten so die neuesten Beiträge in ihrem Feed.

Zusätzlich können wie auf Facebook „Gruppen" erstellt werden, in welchen sich Nutzer untereinander austauschen können.

Die Interaktion bei den Beiträgen ist identisch zu den Möglichkeiten auf Facebook:

- » Likes
- » Kommentare
- » Teilen (in seinem Profil) / Senden (per Direktnachricht)

Anders als bei Facebook, können Nutzer (ähnlich wie bei Instagram) Hashtags folgen bzw. sich über aktuelle oder für die Nutzer relevante Hashtags informieren. Dafür werden einem Nutzer in der linken Spalte auf der Startseite von LinkedIn „aktuelle“ und „ihre“ Hashtags angezeigt. Dort besteht die Möglichkeit, nach weiteren Hashtags zu suchen.

Zielgruppe

Tabelle 6: ***Nutzeralter LinkedIn*** *(Quelle: Statista.de)*

Altersgruppe	Anteil
18 – 24 Jahre	20 %
25 – 34 Jahre	60 %
35 – 54 Jahre	17 %
Ab 55 Jahren	3 %

Laut Statista ist die weltweite Verteilung der Nutzer nach dem Alter wie in der Tabelle dargestellt. Dabei gilt LinkedIn vor allem als Plattform für Berufstätige, Selbstständige, Unternehmer und Unternehmen. Deshalb ist es wenig verwunderlich, dass die Zielgruppe auf LinkedIn etwas älter ist. Außerdem bringt diese Zielgruppe eine sehr hohe Kaufkraft mit sich, weshalb sich auch hochpreisige Angebote auf LinkedIn deutlich leichter verkaufen lassen. Außerdem sind sehr viele Unternehmer und Unternehmen auf der Plattform präsent. Das macht vor allem die Vermarktung von B2B Angeboten sehr interessant. Natürlich funktionieren B2C-Angebote genauso gut!

Popularität

Im Vergleich zu anderen Social Media Plattformen belegt LinkedIn den 8. Platz.

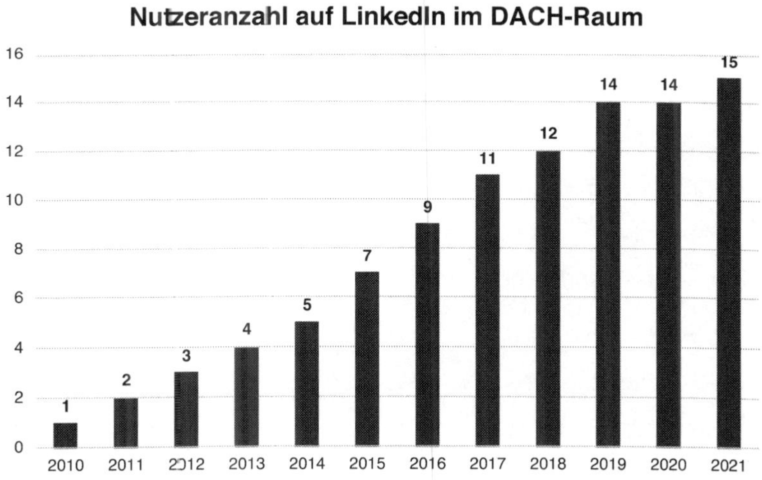

Abbildung 20: ***Nutzeranzahl auf LinkedIn im DACH-Raum***
(Quelle: LinkedIn)

Wie das Schaubild verdeutlicht, nimmt die Popularität von LinkedIn im DACH Raum stetig zu. Es scheint als wäre seit November 2019 ein Plateau von 14 Mio. Nutzern erreicht worden. Anderen Statistiken zufolge, die die Gesamtnutzerzahl pro Jahr darstellen, waren aber im Jahr 2020 bereits 15 Mio. Nutzer im DACH Raum registriert. Somit kann festgehalten werden, dass LinkedIn zu einer sehr populären Social Media Plattform zählt. Unter Social Media Plattformen, die Angestellte, Unternehmer und Unternehmen als Zielgruppe haben, ist LinkedIn dabei die unangefochtene Nummer eins. Sowohl was Nutzerzahlen als auch den Funktionsumfang angeht. Den direkten Konkurrenten im deutschsprachigen Raum (Xing) schauen wir als nächste Plattform etwas genauer an.

Auslastung

59 % der befragten Unternehmen nutzen LinkedIn für ihren Social Media Auftritt. Damit ist LinkedIn auf Platz drei hinsichtlich der beliebtesten Plattformen unter Unternehmen. Allerdings schalten nur 15% der Unternehmen bezahlte Werbung auf der Plattform. Da LinkedIn generell noch nicht auf dem Radar von sehr vielen Unternehmen (vor allem in Deutschland) ist, macht organisches Marketing und aufgrund der geringen Auslastung bei den Werbeanzeigen auch bezahltes Marketing für dich als Unternehmer bzw. Unternehmen absolut Sinn.

Allerdings solltest du beachten, dass die Gebotspreise auf LinkedIn im Vergleich zu Facebook und Instagram deutlich höher sind. Das liegt daran, weil aufgrund der zahlungskräftigeren Nutzergruppe auf LinkedIn, höhere Leadpreise sich aufgrund einer höheren Marge wieder relativieren.

Algorithmus

Kommen wir nun zum spannendsten Thema: dem Algorithmus von LinkedIn. Dabei muss direkt gesagt werden, dass der Algorithmus von LinkedIn mit dem von Facebook nahezu identisch ist. Aus diesem Grund bietet sich LinkedIn für Social Media Marketing optimal an. Anders ist es zum Beispiel bei der Plattform Xing. Das schauen wir uns aber als nächstes an. Folgende Besonderheiten gibt es allerdings auf LinkedIn bzgl. des Algorithmus.

Da LinkedIn noch nicht die Popularität und Auslastung einer Plattform wie Facebook erreicht hat, ist die **organische Reichweite** von Beiträgen auf LinkedIn deutlich höher. Dabei ist die Reichweite organischer Beiträge nicht nur unter eigenen Nutzern, sondern auch bei „fremden" Nutzern relativ hoch. Das liegt unter anderem daran, dass LinkedIn sich noch in der Wachstumsphase befindet und so Contentersteller mit mehr Reichweite belohnen möchte.

Wenn du durch den eigenen Feed scrollst, dann wird dir auffallen, dass sehr viele Beiträge fremder Nutzer bei dir angezeigt werden. Und zwar handelt es sich in der Regel um Beiträge, die durch deine Kontakte **kommentiert oder geliked** wurden. Diese Möglichkeit der Reichweitenerhöhung solltest du vor allem bei LinkedIn forcieren und deshalb deine Kontakte stets auffordern deine Beiträge zu liken und zu kommentieren. Neben einem CTA solltest du natürlich einen qualitativ hochwertigen Content erstellen, der den Nutzern gefällt und in der Beitragsbeschreibung immer eine Frage oder These formulieren, damit Nutzer in den Kommentaren interagieren.

Anders als bei anderen Plattformen kann man seinen Feed nach **„Relevanz"** oder nach **„Aktualität"** sortieren.

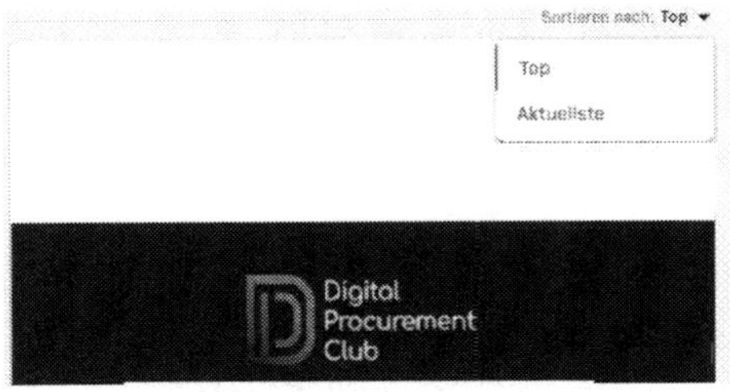

Abbildung 21: ***Sortierung Feed LinkedIn***

Auf der einen Seite stellt es einen Vorteil dar, da aktuelle Beiträge (trotz geringer Interaktion) von einem Nutzer gesehen werden. Allerdings muss diese Auswahl manuell durch einen Nutzer vorgenommen werden, was auf der anderen Seite die Gefahr mit sich bringt, dass die Beiträge doch untergehen. Aus diesem Grund solltest du trotzdem stets auf eine hohe Interaktion und natürlich einer hohen Relevanz der Beiträge für deine Kontakte setzen.

Auf LinkedIn ist ebenfalls möglich, **Hashtags** zu seinen Beiträgen zu platzieren. Diese Funktion ähnelt den Hashtags von Instagram. Und zwar ist das besondere an Hashtags, dass Nutzern relevante Hashtags anhand der Nutzerbasis und der Interessen zugewiesen werden. So hat jeder Nutzer links in seinem Feed die Möglichkeit zu aktuellen Hashtags bzw. weiter unten zu allen Hashtags die neusten Beiträge einzusehen.

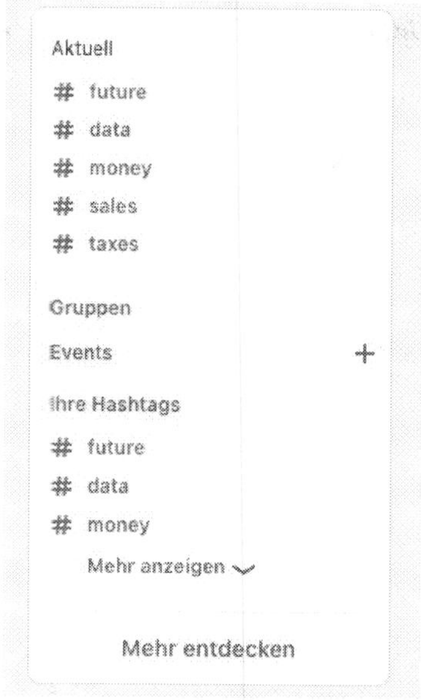

Abbildung 22: ***Hashtagleiste LinkedIn***

Damit deine Beiträge bestimmten Hashtags zugeordnet werden, musst du die entsprechenden Hashtags bei deinen Beiträgen setzen. Dabei gilt wie bei jeder Plattform: kein Keywordstuffing, sondern nur für den Beitrag relevante Hashtags aussuchen. Es ist besser, wenn du weniger und dafür passende Hashtags bei deinen Beiträgen platzierst.

Zusätzlich bringen **Verlinkungen** von anderen Nutzern im Beitrag deutlich mehr Reichweite bei den Beiträgen. Natürlich solltest du nur Nutzer verlinken, die damit einverstanden sind und Bezug zu dem Thema haben.

Als Selbstständiger und Einzelunternehmer solltest du definitiv auf dein **persönliches Profil** setzen, wenn du das Meiste aus deinen Beiträgen hinsichtlich des Algorithmus rausholen möchtest. Zudem ist es auf LinkedIn bisher noch üblicher, sich mit einem privaten

Profil zu vernetzen als einer Unternehmensseite zu folgen. Wenn du Marketing für ein Unternehmen machst, dann solltest du dann natürlich von der **Unternehmensseite** die Beiträge verfassen. Sorge allerdings dafür, dass alle Mitarbeiter die Seite der Unternehmensseite in ihrem Profil verlinken und verlinke stets bei den Beiträgen relevante Mitarbeiter aus dem Unternehmen. Zusätzlich solltest du Beiträge der Unternehmensseite im privaten Profil teilen. Wenn du allerdings bezahlte Werbung auf LinkedIn schalten möchtest, dann kommst du sowieso nicht an einer Unternehmensseite vorbei.

Genauso wie bei Facebook bevorzugt der Algorithmus von LinkedIn Beiträge aus **Gruppen** als aus dem eigenen Profil. Wenn ein Nutzer Mitglied einer Gruppe ist, dann wird die Relevanz des Themas höher eingestuft. Deshalb tritt relevanten Gruppen bei oder kreiere eigene Gruppen und verfasse dort Beiträge.

Wenn es dein Ziel ist, neue Mitarbeiter für dein Unternehmen zu akquirieren, dann bietet LinkedIn ebenfalls eine Möglichkeit dafür. Und zwar kannst du zum einen eine **Stellenausschreibung in deinem Feed** unter „Beitrag beginnen" auch eine Stellenbeschreibung platzieren. Diese erscheint im Feed von Nutzern. Hier bietet es sich an, einen Link zu deiner Website hinzuzufügen. Dort kannst du die vollständige Ausschreibung platzieren und die Möglichkeit sich zu bewerben anbieten.

Die zweite Möglichkeit ist, eine Stellenausschreibung über den Reiter „Jobs" zu veröffentlichen. Dabei handelt es sich nicht nur um einen Beitrag im Feed, sondern so gesehen um eine vollständige Stellenausschreibung, die nicht unbedingt auf einer weiteren Website näher erläutert werden muss. Außerdem besteht hier der Vorteil, dass relevante Stellenausschreibungen für einen Nutzer ebenfalls aktiv durch den Algorithmus im Feed empfohlen werden.

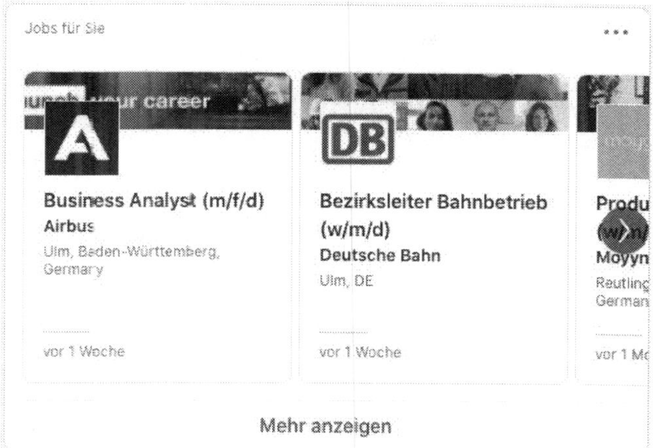

Abbildung 23: ***Stellenanzeige LinkedIn***

Um deine Beiträge hinsichtlich des Erfolgs anhand relevanter **Kennzahlen** zu analysieren, stellt LinkedIn dafür ebenfalls kostenlos eine Aufschlüsselung der wichtigsten Kennzahlen zur Verfügung. Klicke dafür rechts oben auf dein Profilbild und dann in dem Menü unter „Verwalten" auf „Beiträge u. Aktivitäten". Nun kannst du einen Beitrag auswählen und dann auf „Analysen" klicken, um eine Aufschlüsselung der Kennzahlen zu erhalten.

Zu guter Letzt solltest du aktiv dein **Netzwerk vergrößern** und dich auch mit unbekannten Nutzern vernetzen. Nutzer auf LinkedIn sind nämlich offener für neue Kontakte als zum Beispiel auf Facebook, da berufliche bzw. geschäftliche Kontakte höher als unbekannte private Kontakte geschätzt werden.

Monetarisierung

Auf LinkedIn besteht keine Möglichkeit, seinen Content zu monetarisieren. Deshalb solltest du mit dem Social Media Marketing auf LinkedIn vor allem auf den Aufbau einer Reichweite für die Vermarktung deines Angebots und zur Akquise von Mitarbeitern nutzen.

Marketingstrategien

Auf LinkedIn lassen sich alle drei vorgestellten Social Media Strategien problemlos umsetzen. Das gilt sowohl für B2C als auch für B2B Angebote. Schauen wir uns nun die Strategien im Detail an.

Kaltakquise bietet sich besonders an, da Nutzer offener gegenüber neuen Kontakten sind. Außerdem werden Nachrichten zwischen nicht vernetzten Nutzern bisher noch mit einer recht hohen Prozentzahl im Hauptpostfach angezeigt. So sind also Kaltakquiseanfragen direkt im Messenger sichtbar. Auch wenn vermutlich bald die Anfragen vermehrt im Nachrichtenanfrageordner landen werden, wird dieser Ordner in der Praxis von Nutzern regelmäßig angeschaut. Jeder ist nämlich danach bestrebt, evtl. ein besseres Jobangebot zu erhalten oder sein Netzwerk mit einer relevanten Person zu erweitern. Allerdings muss dazu gesagt werden, dass normale Nachrichten, ohne dabei mit der Person vernetzt zu sein, nur mit einem kostenpflichtigen Account und nur zu einem gewissen Grad erlaubt sind. Das kann man aber zum Teil umgehen: Man kann nämlich beim Versenden einer Vernetzungsanfrage ebenfalls eine Kurznachricht verfassen. Nutze das auf jeden Fall aus. An Unternehmensseiten ist es allerdings uneingeschränkt möglich, Nachrichten zu versenden. Wenn du dich für die kostenpflichtige LinkedIn-

Variante entscheidest, dann erhältst du zusätzlich die Möglichkeit Einsicht zu erhalten, wer dein Profil besucht hat. So kannst du deine Kaltakquise noch effizienter und effektiver gestalten.

Content Marketing führt ebenfalls zum Erfolg, da der Algorithmus aktiv die Beiträge auch fremden Nutzern vorschlägt. Vor allem im Zusammenspiel mit der Kaltakquise bietet sich diese Strategie besonders an. Als Selbstständiger oder Unternehmer solltest du dabei besonders von deinem Personenprofil Inhalte verfassen, da diese vom Algorithmus bevorzugt behandelt werden. Wenn du ein Unternehmen repräsentierst, dann verfasse die Beiträge dort und verlinke sie je nach Relevanz auch in deinem privaten Profil. Tritt ebenfalls thematisch relevanten Gruppen bei bzw. kreiere deine eigene Gruppe und verfasse dort Beiträge. Neben klassischen Beiträgen kannst du ebenfalls „Artikel" auf LinkedIn veröffentlichen. Diese ähneln im Aufbau einem Beitrag in einem Blog einer Website. Geh dafür einfach auf „Beitrag beginnen" und klicke auf „Artikel schreiben".

Bezahlte Werbeanzeigen solltest du ebenfalls schalten, wenn dein Budget es zulässt und du den Marketing- und Vertriebsprozess skalieren möchtest. Um eine Anzeige zu erstellen, solltest oben rechts auf das gepunktete Viereck mit dem Text „Mehr" klicken und dann „Kampagnen Manager" auswählen. Dort musst du dir zunächst ein Werbekonto anlegen (verlinke auf jeden Fall deine Unternehmensseite). Danach kannst du Werbeanzeigen erstellen. Bei den Anzeigenformaten stehen dir die folgenden zur Verfügung:

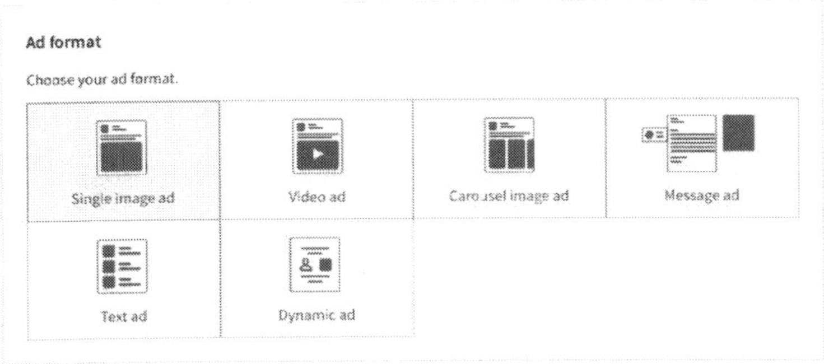

Abbildung 24: ***Werbeanzeigenformate LinkedIn***
(Quelle: business.LinkedIn.com)

Dabei kann ich dir wieder dazu raten, deine Aufmerksamkeit zunächst auf die Standardwerbeanzeige im Feed zu richten. Ein Video ist wie immer einem Bildbeitrag zu bevorzugen. Alle anderen Formate kannst du dann später in dein Marketingkonzept integrieren, um die Gesamtreichweite zu erhöhen oder effektiv Follow-Ups zu betreiben.

Hilfreiche Tools

Um eine fundierte Analyse für dein Marketing durchzuführen, solltest du ebenfalls bei LinkedIn auf externe Tools setzen. Die meisten gibt es in einer kostenlosen Testversion. Wenn du allerdings allumfassend ein Tool nutzen möchtest, kommst du an einer kostenpflichtigen Version nicht vorbei. Lass uns nun die wichtigsten Tools anschauen:

LinkedIn Sales Navigator

LinkedIn bietet ein eigenes kostenpflichtiges Tool, für eine Optimierung der Verkäufe auf der Plattform. Und zwar bekommst du eine detaillierte Analyse zu Nutzern und ihrem Verhalten, anhand welcher du die für dich relevante Zielgruppe noch leichter identifizieren kannst. Zudem schlägt LinkedIn proaktiv geeignete Leads für dein Angebot vor und bietet eine CRM[3]-Lösung für die Dokumentation und Auswertung von Leads. Insgesamt sind stets plattforminterne Lösungen externen vorzuziehen, da die Plattform die beste Datengrundlage für Analysen bietet. Probiere einfach mal die kostenlose Demo-Version aus, bevor du dich für das kostenpflichtige Abo entscheidest.

Crystal

Bei Crystal handelt es sich um eine Plattform, die Social Media Profile von Nutzern hinsichtlich der Persönlichkeit analysiert. So kannst du zum einen die Nutzer deiner Zielgruppe nach ihrer Persönlichkeit analysieren, um deine Marketingkommunikation besser auszurichten. Zum anderen kannst du Nutzer analysieren, um so herauszufinden, ob sie zu deiner Zielgruppe passen und wie du am besten an sie herantrittst.

Salestools.io

Mit Salestools.io kannst du gesamte Lead-Listen nach konfigurierten Kriterien mit LinkedIn Profilen in Excel herunterladen. So kannst du schnell nach geeigneten Nutzern filtern und so gezielt deine Zielgruppe ansprechen. Ebenfalls bietet dir Salestool.io die Möglichkeit, E-Mail-Marketing mit den generierten Leads zu betreiben. Wobei du hier zwischen B2B und B2C Leads unterscheiden solltest. Bei B2B Leads stellt eine Kaltakquise normalerweise rechtlich kein Problem dar. Anders ist es bei B2C-Kontakten: Hier verbietet der deutsche Gesetzgeber, dass Kaltakquise ohne Zustimmung betrieben wird.

---

[3] CRM (engl.) = Customer-Relationship-Management

Hier musst du für dich abwägen, ob du das Risiko eingehen willst. Unabhängig davon, empfehle ich dir stets, eine rechtliche Beratung in Anspruch zu nehmen.

Discoverly

Damit du noch mehr über einen Nutzer erfährst, ist es immer von Vorteil, den Nutzer nicht nur auf einer Plattform zu analysieren. Es ist immer hilfreich, auch die Aktivität des Nutzers auf anderen Social Media Plattformen zu analysieren. Diese Arbeit nimmt dir Discoverly ab. Mit diesem Tool kannst du einsehen, auf welchen anderen Plattformen die Person angemeldet ist, um noch mehr Informationen zu der Person zu sammeln.

Shield Analytics

Wenn dir die Auswertungsmöglichkeiten deiner Beiträge direkt über LinkedIn nicht ausreichen, dann kannst du auf das Tool Shield Analytics zurückgreifen. Dieses bietet dir eine übersichtliche Analyse aller deiner Beiträge. So kannst du detailliertere und einfachere Analysen durchführen.

3.6 Xing

Bei Xing handelt es sich, ähnlich wie bei LinkedIn, um eine Plattform für die Vernetzung zwischen beruflichen und geschäftlichen Kontakten. Xing wurde 2003 in Deutschland gegründet und fokussiert sich heute ebenfalls primär auf den DACH-Raum. Anders als LinkedIn kann Xing nicht als vollwertige Social Media Plattform betrachtet werden, da der Austausch im Vergleich zu anderen Plattformen ziemlich eingeschränkt ist. Trotzdem kann es durchaus Sinn machen, Xing für das Social Media Marketing einzubeziehen.

Genauso wie bei LinkedIn, bietet Xing die Möglichkeit eine kostenpflichtige „Preimum“ Version zu erwerben. Diese richtet sich vor allem an Angestellte, die ihre Sichtbarkeit für Recruiter erhöhen möchten.

Kommunikation und Interaktion

Die primäre Kommunikation auf Xing findet nahezu ausschließlich im Messenger durch das Versenden von Nachrichten innerhalb eines Netzwerks statt. Nutzer können Ihr Netzwerk durch das Vernetzen mit anderen Nutzern erweitern.

Einen Feed für Personenprofile, wie bei den zuvor vorgestellten Plattformen, gibt es so n der üblich bekannten Art und Weise nicht. Unter dem Reiter „News“ haben Nutzer die Möglichkeit Beiträge der Unternehmensseiten, denen sie folgen einzusehen. Mit diesen Beiträgen können Nutzer durch liken, kommentieren und teilen interagieren. Allerdings ist das Gesamterlebnis auf Xing nicht vergleichbar mit LinkedIn. Unbekannte Beiträge werden nämlich nicht vorgeschlagen.

Damit sich private Nutzer untereinander außerhalb des Messengers austauschen können, müssen sie einer Gruppe beitreten. Dort können Nutzer eigene Beiträge verfassen, die für andere Nutzer sichtbar sind.

Zielgruppe

Laut offiziellen Statistiken von Xing belief sich die Gesamtnutzerzahl von Xing im DACH-Raum in 2020 auf ca. 19,5 Mio. Nutzer. Zwar ist die Zahl absolut gesehen größer als die Anzahl der Nutzer von LinkedIn in Deutschland, allerdings wird Xing seltener „aktiv" bzw. regelmäßig genutzt.

Bei der Charakteristik der Nutzer auf der Plattform können sehr viele Parallelen zu den Nutzern von LinkedIn gezogen werden. Es sind vor allem berufstätige Personen, Recruiter und vereinzelt Unternehmer und Unternehmen auf der Plattform aktiv.

Popularität

Bei der Popularität unter allen Social Media Plattformen bei privaten Nutzern belegt Xing den 9.Platz. Das liegt vor allem daran, weil die Plattform kein vergleichbares Erlebnis zu anderen Plattformen bietet. Trotzdem wird die Plattform in Deutschland vor allem für die berufliche und geschäftliche Vernetzung und Stellensuche verwendet.

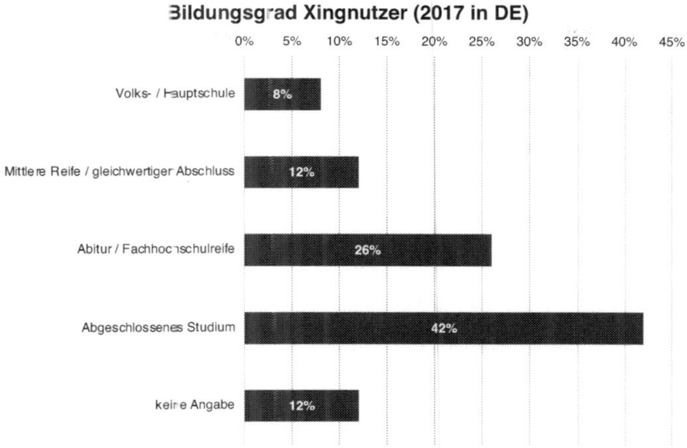

Abbildung 25: ***Bildungsgrad Xingnutzer (2017 in DE)***
(Quelle: Faktenkontor, IMWF)

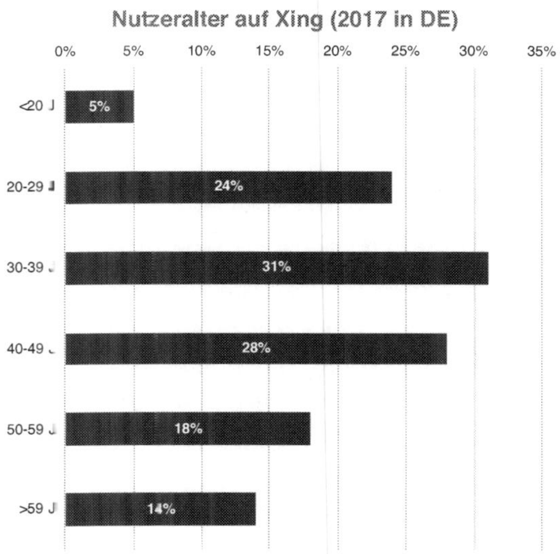

Abbildung 26: ***Nutzeralter auf Xing (2017 in DE)***
(Quelle: Faktenkontor, IMWF)

Die Popularität der Plattform ist seit Jahren gleichbleibend, da die Anzahl der Nutzer weder sinkt noch steigt. Somit ist es höchst unwahrscheinlich, dass die Plattform in einigen Jahren nicht mehr existieren wird. Aus diesem Grund kannst du Xing, wenn es in dein Konzept passt, auch perspektivisch für dein Marketing einbeziehen.

Auslastung

Im Vergleich der Nutzung von Social Media Plattformen taucht Xing überhaupt nicht auf. Das liegt aber nicht daran, dass Xing nicht durch Unternehmer und Unternehmen benutzt wird. Der Grund hierfür ist, dass die Umfrage in den USA durchgeführt wurde und Xing auf dem amerikanischen Markt nahezu kaum Präsenz hat. Zwar wird Xing im DACH-Raum vermehrt auch von Unternehmern und Unternehmen verwendet, allerdings kann ich dir aus der Praxis sagen, dass Xing im Vergleich zu LinkedIn deutlich weniger für den Social Media Auftritt verwendet wird. Das muss allerdings nichts Negatives bedeuten – im Gegenteil: Es ist deutlich weniger Konkurrenz auf der Plattform vorhanden. Aus diesem Grund kannst du hier ungestört Marketing für dein Angebot machen.

Xing wird von Unternehmen und Unternehmern vor allem dafür verwendet, um Stellenanzeigen zu veröffentlichen. In diesem Punkt liegt Xing zumindest in Deutschland deutlich über dem Konkurrenten LinkedIn (siehe Abb. 27). Wenn du also nach neuen Mitarbeitern im DACH-Raum suchst, bist du auf Xing an der richtigen Stelle. Genauso suchen in Deutschland mehr Menschen auf Xing nach passenden Stellenanzeigen als auf LinkedIn (siehe Abb. 28).

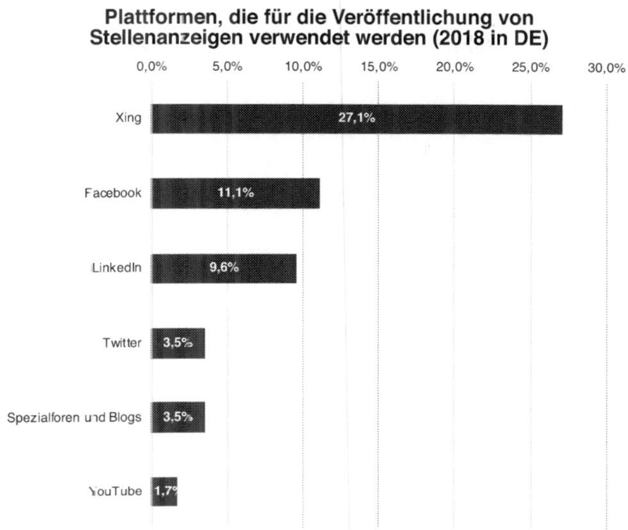

Abbildung 27: ***Plattformen, die für die Veröffentlichung von Stellenanzeigen verwendet werden (2018 in DE)*** *(Quelle: monster.de)*

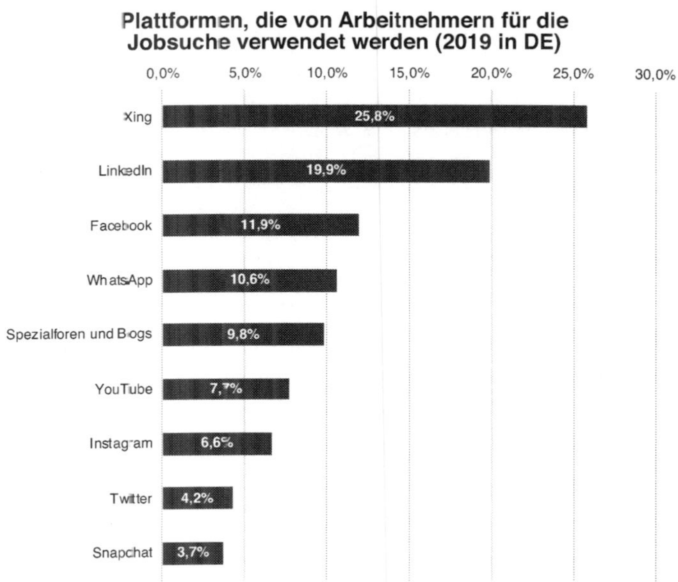

Abbildung 28: ***Plattformen, die von Arbeitnehmern für die Jobsuche verwendet werden*** *(2019 in DE)*

Algorithmus

Da Xing keine üblichen Social-Media-Plattform-Kriterien aufweist, ist der Algorithmus ziemlich simpel gehalten. Und zwar werden Nutzern nur Beiträge unter dem Reiter „News“ oder „Gruppen“ angezeigt. Dort spielt die Aktualität der Beiträge die übergeordnete Rolle. Die einzigen beiden Dinge, die Nutzern proaktiv vom Algorithmus vorgeschlagen werden, sind weitere Nutzer für die Erweiterung des Netzwerks und möglichst relevante Stellenanzeigen. Stellenanzeigen sind für Nutzer im Reiter „Stellenmarkt“ zu finden.

Dafür bietet Xing eine eigene Suchplattform an. Als Filterkriterien stehen die Jobbezeichnung und geografische Lage mit einem Kilometerradius zur Verfügung.

Interessant ist neben der Suchmaschinenplattform für Stellenanzeigen auch der Eventmarkt. Xing bietet nämlich die Möglichkeit an, Events auf der Plattform zu organisieren und auch zu bewerben. Wenn also dein Angebot Events umfasst, dann solltest du Xing für die Vermarktung und den Verkauf dieser ausprobieren. Xing erlaubt es nämlich Nutzern ebenfalls Zahlungen über die Plattform vorzunehmen.

Monetarisierung

Auf Xing gibt es keine Monetarisierung des Contents.

Bei Xing bietet sich vor allem die **Kaltakquise (MN)** an. Und zwar ist es bei Xing ähnlich wie bei LinkedIn: Um an nicht hinzugefügte Kontakte Nachrichten zu versenden, ist es erforderlich eine Premiummitgliedschaft zu besitzen. Allerdings gibt es bei Xing nicht die Möglichkeit beim Versenden einer Vernetzungsanfrage eine Kurznachricht hinzuzufügen. Aus diesem Grund musst du zunächst abwarten, bis ein Kontakt deine Vernetzungsanfrage annimmt. Deshalb versende täglich so viele Kontaktanfragen wie möglich, da erfahrungsgemäß nicht jeder eine Kontaktanfrage annimmt. Generell hast du auf Xing den Vorteil, dass es deutlich weniger Konkurrenz gibt. Somit ist die Wahrscheinlichkeit höher, dass du mit der Strategie höhere Erfolgschancen haben wirst. Allerdings empfehle ich immer bei den Gesprächen auf andere Plattformen zu verweisen, auf denen sich Nutzer im Rahmen deiner Content Marketing Strategie mehr über dich, dein Unternehmen oder dein Angebot erfahren können. Selbstverständlich kannst du für das Recruiting von neuen Mitarbeitern ebenfalls Kaltakquise nutzen.

Content Marketing auf Xing zu betreiben ist nicht empfehlenswert, da wie bereits in diesem Kapitel besprochen, die Plattform nicht für diese Strategie ausgelegt ist.

Es gibt die Möglichkeit, **bezahlte Werbeanzeigen** auf Xing zu schalten. Die folgenden Möglichkeiten sind empfehlenswert:

- ✓ Stellenanzeige bewerben. Da Xing primär für die Suche nach neuen Jobs genutzt wird, macht es absolut Sinn, bezahlte Werbeanzeigen für diesen Zweck zu schalten.
- ✓ Events bewerben. Wenn dein Angebot aus Events besteht,

dann kannst du auf Xing diese effektiv bewerben.

✓ Website bewerben. Du kannst ebenfalls eine Anzeige schalten, um deine Landing Page/Website oder Onlineshop zu bewerben. Hier solltest du aber beachten, dass mit dieser Anzeige nur Basic-Nutzer (also keine Premium-Nutzer) targetieren kannst.

Hilfreiche Tools

Da Xing für Marketingzwecke nicht sonderlich genutzt wird und in den USA nicht präsent ist, gibt es dementsprechend keine nennenswerten Tools, die für das Marketing auf Xing von Vorteil wären.

3.7 TikTok

Bei TikTok handelt es sich um eine chinesische Social Media Plattform, die 2016 gegründet wurde und ausschließlich auf dem Smartphone genutzt werden kann. Diese Plattform ist vor allem bei Jugendlichen sehr beliebt und hat in den letzten Jahren massiv an Nutzern gewonnen.

Kommunikation und Interaktion

Auf TikTok können Kurzvideos mit einer Länge zwischen 15 bis 60 Sekunden veröffentlicht werden. Diese Videos können mit vorgegebenen Liedern hinterlegt und zusätzlich mit Videoeffekten bearbeitet werden. Diese Beitragsart war eine Zeit lang nur auf TikTok zu finden. Mittlerweile hat Instagram diese Art der Beiträge durch „Reels" nachgeahmt. Diese Videos können geliked, kommentiert und geteilt (auch außerhalb von TikTok) werden.

Nutzer können zwischen zwei verschiedenen Feeds auswählen. Im „For-You-Feed" werden dem Nutzer direkt Videos vorgeschlagen. Dabei hat der Nutzer ebenfalls die Möglichkeit, die Beiträge nach „Folge ich" und „Für dich" zu filtern. Bei „Folge ich" erscheinen nur die Beiträge von abonnierten Seiten. Bei „Für dich" werden Nutzern vom Algorithmus Beiträge vorgeschlagen.

Der zweite Feed ist der „Explore-Feed": Bei diesem werden Nutzern Videos kategorisiert nach Hashtags oder Musiktiteln vorgeschlagen. Zusätzlich kann ein Nutzer bei dem Explore-Feed durch die Suchleiste gezielt nach Nutzern, Musiktiteln und Hashtags zu suchen.

Darüber hinaus gibt es die Möglichkeit, sich über einen integrierten Messenger mit Nutzern auf der Plattform auszutauschen. Allerdings ist das nur möglich, wenn sich Nutzer gegenseitig folgen. Jedoch besteht die Möglichkeit, das Versenden der Nachrichten an sein Profil komplett zu untersagen. Diese Schranke hat TikTok eingeführt, da vor allem junge Personen sich auf der Plattform befinden und sie so vor Unbekannten zu schützen.

Zielgruppe

Noch wird TikTok primär von jugendlichen Nutzern (unter 24 Jahren) genutzt. Hier muss allerdings angemerkt werden, dass Facebook und Instagram in der Anfangszeit ebenfalls vor allem durch junge Personen genutzt wurde. Mit der Zeit hat sich die Situation allerdings anders entwickelt. Ein ähnlicher Verlauf ist aller Voraussicht nach auch bei TikTok zu erwarten. Aus diesem Grund solltest du TikTok nicht komplett abschreiben, sondern als potentielle Plattform auf deiner Liste behalten.

Tabelle 7: ***Alter von TikTok Nutzern*** *(Quelle: App Annie)*

Altersgruppe	Anteil
< 24 Jahre	69 %
> 24 Jahre	31 %

Popularität

Im Gesamtvergleich zu anderen Plattformen befindet sich TikTok bei der Popularität auf Platz 3.

Vergleicht man verschiedene Berichte über die Entwicklung der Nutzerzahlen stellt man fest, dass TikTok in den letzten Jahren und auch aktuell stark am Wachsen ist. So konnten sich die Nutzerzahlen in Deutschland zwischen 2019 und 2020 von 5,5 Mio. Nutzern auf 10,7 Mio. fast verdoppeln. Ein gleiches Bild ergibt sich bei der Gesamtanzahl der monatlichen Views: Es gab zwischen den gleichen Jahren eine Steigerung von 6,5 Mrd. auf 13,4 Mrd. Views pro Monat.

Diese Entwicklung führt dementsprechend dazu, dass auch immer mehr Creator auf der Plattform auffindbar sind.

Auslastung

Da TikTok noch eine recht junge Social Media Plattform darstellt, ist die Auslastung in Hinsicht auf Content Creator bzw. Unternehmen noch relativ gering.

So nutzen bisher laut Statistiken nur 5 % der Unternehmen bzw. Unternehmer TikTok für die Vermarktung ihres Angebots. Klar ist, dass die relativ junge Nutzergruppe noch relativ wenige Unternehmen auf die Plattform zieht. Außerdem ist das Contentformat auf TikTok etwas außergewöhnlich, da das Erstellen von Videos mit Musik im Hintergrund einen gewissen Grad an Kreativität erfordert. Allerdings liegt genau hier Potential dieses unkonventionelle Contentformat für die Vermarktung zu nutzen. Denn dir sollte klar sein: Je jünger eine Plattform ist, desto leichter ist es, durch organische Methoden Reichweite zu generieren. Diese kann dann ebenfalls dafür genutzt werden, um deine Reichweite auch auf anderen Plattformen auszuweiten.

TikTok Ads werden dabei von Unternehmen und Unternehmern noch nahezu gar nicht für die Vermarktung genutzt. Das macht bezahlte Werbeanzeigen vor allem für Werbetreibende mit einem geringen Budget sehr attraktiv, da die Gebotspreise aufgrund geringer Konkurrenz noch sehr niedrig sind.

Wenn du also dir als Content Creator eine große Reichweite in einer möglichst kurzen Zeit aufbauen willst, dann solltest du TikTok unbedingt in Betracht ziehen.

Algorithmus

Da du als Creator auf TikTok am einfachsten von allen Plattformen von Reichweite unter Nicht-Abonnenten profitieren kannst, solltest du den Algorithmus verstehen und ihn für dich arbeiten lassen.

Generell gilt wie immer der Grundsatz: TikTok möchte, dass Nutzer so lange wie möglich auf der Plattform verweilen. Aus diesem Grund macht TikTok alles, damit Nutzer nur wirklich relevante Beiträge sehen. Deswegen solltest du deine Zielgruppe und ihre Vorlieben kennen. Deshalb empfehle ich dir immer wieder unterschiedliche Beitragsformate zu posten, um so zu testen, was bei deiner Zielgruppe am besten ankommt.

Bei Videos analysiert TikTok neben den Videoinhalten auch den Sound und die Effekte, die Bildunterschrift und die Hashtags, die du hinterlegst. Weniger relevant, aber dennoch vom Algorithmus berücksichtigt, werden Smartphone-Einstellungen eines Users: Dazu zählen das Betriebssystem, der Smartphone-Typ, die Sprache und die geografische Lage. Diese Faktoren spielen vor allem in der Hinsicht eine entscheidende Rolle, damit der Algorithmus dein Video erstmal einer Test-Nutzergruppe ausstrahlen kann. Wenn dann die folgenden Faktoren stimmen, wird dein Video immer weiter ausgestrahlt.

Zu den Faktoren zählen: Anzahl der Interaktionen, Anzahl der Mehrfachabrufe (Videos werden in einer Dauerschleife abgespielt) und der Betrachtungszeitraum. Diesen Prozess führt TikTok bei jedem Video von Anfang an aus. Das heißt, der Erfolg oder Misserfolg deiner vorherigen Videos oder deine bereits aufgebaute Reichweite haben nur einen minimalen Einfluss auf den Erfolg deiner weiteren Videos. Auf der einen Seite bringt es dir den Vorteil, dass du jedes Mal von vorne die Chance hast, mit einem Video neue Reichweite zu generieren, auch wenn ein Video davor nicht erfolgreich war. Das gibt dir ebenfalls die Möglichkeit, viel zu testen. Auf der anderen Seite ist deine organisch aufgebaute Reichweite nicht unbedingt aussagekräftig über den Erfolg deiner weiteren Videos, sodass du die Anzahl deiner Follower nicht direkt mit einer Plattform wie Instagram vergleichen kannst. Außerdem bist du jedes Mal gezwungen, kreative Videos zu erstellen und kannst nicht auf dem Erfolg deiner vorherigen Videos aufsetzen. Sobald du aber ein Format entdeckt hast, welches sehr gut bei deiner Zielgruppe ankommt, kannst du davon ausgehen, dass die weiteren Videos mit dem gleichen Format eine ähnliche Wirkung haben werden.

Damit du deine Reichweite auf TikTok trotzdem auch organisch nutzen kannst, empfehle ich dir stets auf weitere Plattformen von dir zu verweisen. So ist ein Übergang von TikTok zu Instagram für Nutzer sehr leicht, da in der Regel beide Plattformen von der Zielgruppe genutzt werden. Du kannst deine Zuschauer bewusst auf andere Plattformen lenken, indem du den ersten Teil einer mehrteiligen Videoserie auf TikTok veröffentlichst und dann den Zuschauern bewusst machst, dass der nächste Teil auf einer anderen Plattform zu finden ist. Dafür eignet sich Instagram, da auf Instagram „Reels“ die gleiche Art von Videos wie auf TikTok erlauben. Mit dieser Methode konnten schon einige TikTok’er ihre Followeranzahl auf Instagram deutlich steigern.

Monetarisierung

Fassen wir uns kurz: Content-Creator werden für das Erstellen von Inhalten von TikTok nicht vergütet.

Marketingstrategie

Kaltakquise ist nur möglich, wenn beide Nutzer sich gegenseitig folgen. Das heißt, wenn du das Follow-for-Follow Prinzip umsetzt, mit kannst du eine Kommunikation via Chat mit einem Nutzer beginnen. Allerdings solltest du auf dem Schirm haben, dass Nutzer auch den Erhalt von Nachrichten komplett untersagen können.

Content Marketing ist aufgrund des jungen Alters der Plattform eine sehr erfolgversprechende Strategie, um Reichweite aufzubauen. Dein Fokus sollte zum größten Teil auf Entertainment liegen. Denn die junge Nutzergruppe auf TikTok besucht die Plattform, um sich zu unterhalten und nicht nach Informationen zu suchen. Aus diesem Grund: werde kreativ. Das heißt natürlich nicht, dass du nur „sinnlose“ Videos veröffentlichen solltest. Wenn du den Nutzern einen informativen Mehrwert liefern willst, dann achte einfach darauf, dass du die Informationen auf eine einzigartige und kreative Art und Weise in den Videos verpackst Diese Mühe wird sich auf jeden Fall auszahlen! Denke einfach an das Beispiel mit dem Mixer aus dem

YouTube-Kapitel.

Probiere am Anfang verschiedene Formate aus, um dann die mit den besten Erfolgen (also Interaktionen) zu intensivieren und deinen Fokus auf sie zu legen.

Sobald du eine gewisse Reichweite aufgebaut hast, solltest du unbedingt Hashtag Challenges nutzen, um deine Reichweite weiter auszubauen. Starte dabei ganz einfach eine Challenge (z. B. mit einer kreativen Aufgabe zum Nachmachen – die ALS Ice-Bucket Challenge müsste dir vermutlich bekannt sein) und entwerfe deinen persönlichen Hashtag dazu. Sobald mehrere Nutzer den gleichen Hashtag nutzen, wird dieser immer mehr von TikTok in den Trends angezeigt.

Wenn du bereits auf anderen Plattformen angefangen hast, dir Reichweite aufzubauen, dann solltest du natürlich auf keinen Fall die Plattformen für TikTok vernachlässigen. Allerdings kannst du trotzdem TikTok als zusätzliche Plattform nutzen, um möglichst leicht und schnell weitere Reichweite aufzubauen, die du auch für die anderen Plattformen nutzen kannst. Hier sollte dir aber auch bewusst sein, dass du zurzeit vor allem eine sehr junge Nutzergruppe auf TikTok finden wirst.

Bezahlte Werbeanzeigen sollten ebenfalls auf TikTok in dein Visier rücken. Vor allem wenn dein Budget stark begrenzt ist, kannst du auf TikTok trotzdem gute Ergebnisse erzielen. Dafür kannst du die TikTok Ad Plattform für das Schalten von Werbeanzeigen nutzen. Dort kannst du deine Anzeigen nach ähnlichen Parametern wie bei anderen Plattformen einstellen. Die gängigste Ad-Variante ist die In-Feed Ad. Bei der In-Feed Ad handelt es sich um eine Anzeige im „Für dich" Feed eines Nutzers. Dabei erscheint das Video als ein typisches Video wie jedes andere im Feed eines Nutzers. Wie auch bei allen anderen Plattformen, stellt diese Anzeigenart die effektivste Anzeigenart im Rahmen des Performance Marketing dar.

Um eine Anzeige aufzusetzen, solltest du zunächst ein Kampagnenziel auswählen. Hier hast du die Auswahl zwischen den folgenden Kampagnentypen: „Erreichen“, „Traffic“, „App installieren“, „Videoansichten“ und „Wertvolle Aktion auf Ihrer Website“ (=“Conversion“). Um das letzte Ziel bestmöglich zu tracken, solltest du unbedingt den TikTok Pixel auf deiner Website integrieren.

Im nächsten Schritt kannst du Einstellungen zum A/B Testing auswählen. Zum Zeitpunkt der Erstellung dieses Buches kannst du nur die Variable „Zielgruppe“ anpassen. Höchst wahrscheinlich wird das Testing an Facebook angepasst, sodass mehrere Variablen getestet werden können sollten.

Danach solltest du auf jeden Fall TikTok als Werbeplattform auswählen. Andere Plattformen sind in Deutschland nicht verfügbar und somit würde dein Werbebudget verpuffen.

Anders als bei anderen Plattformen hast du bei TikTok die Möglichkeit, Hashtags bzw. Keywords in deine Anzeige einzubauen. So hilfst du TikTok dabei, deine Anzeige den richtigen Nutzern anzuzeigen. Hierbei solltest du wie sonst auch immer kein Keywordstuffing mit unnötigen Keywords betreiben. Fokussiere dich auf Keywords, die zu deiner Anzeige passen. Dabei solltest du eine Mischung aus short-tail Keywords und long-tail Keywords wählen.

Zusätzlich kannst du den Nutzern erlauben bzw. verbieten deine Anzeigen zu kommentieren. Insgesamt solltest du negative nicht konstruktive Kommentare stets löschen. Negative konstruktive Kommentare, die du durch eine Klarstellung zu deinem Gunsten drehen kannst, solltest du kommentieren. Auf positive Kommentare solltest du eingehen und so eine Konversation mit den Nutzern starten, um sie von deinem Angebot zu überzeugen. Wenn dir die Kapazität für diese Tätigkeit fehlt, dann kannst du Kommentare grundsätzlich deaktivieren.

Wenn deine Anzeige kreativ ist, dann wird sie höchst wahrscheinlich von Nutzern heruntergeladen werden, um sie auf anderen Plattformen zu veröffentlichen. Platziere deshalb in den Anzeigen auch dein Logo bzw. deinen Accountnamen oder deine Websiten-URL. So wirst du kostenlosen Traffic gewinnen können. Allerdings wirst du so unter Umständen die Nachverfolgbarkeit deines Kampagnenerfolgs aus den Augen verlieren. Deshalb besteht die Möglichkeit, den Download zu deaktivieren.

Beim nächsten Punkt kannst du deine Zielgruppe für die Anzeige definieren. Dabei kannst du ebenfalls auf die Auswertungen vom TikTok-Pixel zurückgreifen, um so Retargetingkampagnen aufzusetzen oder die relevante Zielgruppe für deine Anzeige ausfindig zu machen.

Im vorletzten Schritt hast du die Möglichkeit, Gebote und Optimierungseinstellungen anzupassen.

Zum Schluss musst du nur noch das Beitragsvideo hochladen. Um Effekte in dein Video einzubauen, kannst du den Videoeditor an dieser Stelle nutzen.

Wenn du den Marketingauftritt für ein größeres Unternehmen mit einem größeren Budget vorbereitest, dann stehen dir auch weitere Marketingmöglichkeiten im Rahmen von „TikTok for Business“ zur Verfügung. Bei diesen solltest du auf jeden Fall mindestens Ausgaben im 5-stelligen Bereich pro Kampagne einplanen. Lass uns die einzelnen Möglichkeiten detailliert anschauen.

Bei einer **Brand-Takeover** Anzeige handelt es sich um ein Bild oder ein GIF, das beim Öffnen der App für 3 bis 5 Sekunden lang einem Nutzer angezeigt wird. Dieser hat die Möglichkeit, die Anzeige durch einen Button oben rechts zu überspringen. Beim Klick auf das Bild bzw. GIF gelangt der Nutzer auf eine von dir verlinkte Landingpage oder zu einer Branded Hashtag Challenge (dazu gleich mehr). Bei dieser Anzeigenart muss deine Message sofort erkennbar sein. Insgesamt empfiehlt sich die Anzeige für Retargeting oder für die Steigerung der allgemeinen Bekanntheit deiner Marke, deines Unternehmens oder deines Angebots. Am besten funktionieren solche Anzeigen, wenn sie im Rahmen einer umfassenden Brandingkampagne mit unterschiedlichen Anzeigenarten auf verschiedenen Plattformen zur Steigerung der Bekanntheit und Reichweite eingesetzt werden. Als Einzelmaßnahme wird sie nicht besonders von Erfolg gekrönt sein, weshalb du bei der Optimierung nicht unbedingt auf eine hohe Profitabilität setzen solltest.

Wenn du eine längere Message an Nutzer richten willst, dann kannst du eine **TopView** Anzeige erstellen. Diese wird genauso wie bei der Brand-Takeover Anzeige beim Öffnen der App angezeigt. Der Unterschied liegt darin, dass du ein bis zu 60 Sekunden langes Video platzieren kannst. Hier empfiehlt es sich auf jeden Fall einen Untertitel einzubauen, damit Nutzer zum einen dir leichter folgen können und zum anderen die Kernbotschaft und den CPA vor Augen haben. Genauso wie Brand-Takeover können Nutzer diese Anzeige mit einem Klick oben rechts überspringen oder mit einem Klick auf den Screen zu einer weiterführenden Landingpage oder zu einer Branded Hashtag Challenge gelangen.

Neben organischen Hashtag-Challenges kannst du ebenfalls **Branded Hashtag-Challenges** als Marketingkampagne auf TikTok aufsetzen. Dabei wird dein Branded Hashtag-Nutzern auf der Explorepage zum einen in der Auflistung und zum anderen als Banner ganz oben unterhalb der Suchleiste angezeigt. So werden Nutzer auf die Challenge aufmerksam und werden dazu animiert, selbst bei der Challenge mitzumachen. Zwei Dinge solltest du sicherstellen: Als Erstes sollte dein Hashtag kreativ und leicht zu lesen bzw. zu schreiben sein. Als Zweites solltest du sicherstellen, dass du zum einen eigene kreative Videos unter dem Hashtag postest und aktiv z. B. zu einer bestimmten Challenge, die zu deinem Unternehmen oder Produkt passt, unter der Verwendung des Hashtags aufrufst und zum anderen davor TikTok Influencer mit ins Boot holst, die dein Hashtag verwenden und selber Videos damit erstellen. So steigerst du den Erfolg deiner Branded Hashtag-Challenges. Auf jeden Fall sollte die Challenge kreativ sein, zur Zielgruppe und deiner Marketingbotschaft passen und ganz wichtig: leicht nachzumachen sein. Sonst ist die Hürde eventuell zu groß, damit Nutzer mit deiner Challenge interagieren. Lass dich gerne von bestehenden Challenges auf TikTok inspirieren und entwickle deine einzigartige Challenge.

Nächste bezahlte Werbemöglichkeit stellen **Branded Lenses und Effects** dar. Bei diesen kannst du als Unternehmen einen Effekt gestalten, der dann bei der Erstellung von Videos durch Nutzer ausgewählt werden kann. Es kann dein Unternehmensname in 2D, eine Form in 3D oder ein spezielles Widget in Augmented Reality (z. B. eine Projektion einer Uhr aufs Handgelenk oder die Projektion eines Möbelstücks in dem Zimmer) sein. Dabei kannst du ebenfalls Effekte variabilisieren, sodass z. B. bei verschiedenen Nutzern verschiedene Aktionen passieren, sobald dein Effekt ausgesucht wird. Hier gilt ebenfalls: Je kreativer, außergewöhnlicher und interaktiver dein Effekt, desto eher wird er durch Nutzer verwendet. Lass deiner Kreativität freien Lauf!

Wenn du dir unsicher bist, welche Influencer für die Vermarktung deines Angebots auf TikTok in Frage kommen und wie du dein Angebot auf TikTok am besten platzieren kannst, stellt dir TikTok das **Custom Influencer Package** zur Verfügung. Ich kann dir aber hierzu keine wirkliche Empfehlung geben, außer du möchtest dich durch Dritte und externe Ideen inspirieren lassen. Ansonsten solltest du die Oberhand über dein Marketing und Vertrieb behalten.

Hilfreiche Tools

Videoerstellung

» Bei der Videoerstellung empfiehlt es sich, zunächst auf die offiziellen Tools von TikTok zuzugreifen. Diese bieten dir nämlich eine Vielzahl an Möglichkeiten. Von verschiedenen Templates bis hin zur automatischen Auswahl eines passenden Soundtracks zu deinem Video.

Marketinganalyse

» Mit **Analisa.io** ist es möglich TikTok Profile und Hashtags auszuwerten. So kannst du die populärsten und geeignetsten Hashtags herausfinden und deine Konkurrenz genau unter die Lupe nehmen.

» Eine Alternative zum ersten Tool ist **Pentos**. Mit diesem Tool lassen sich ebenfalls verschiedene Bereiche für deine Marketingstrategie analysieren.

An dieser Stelle möchte ich nochmal erwähnen, dass Tools, die automatisiert Likes oder Follower generieren, um jeden Preis zu vermeiden sind. Zwar geht TikTok noch nicht aktiv dagegen vor, allerdings kann sich das jederzeit ändern, wie die Erfahrung von anderen Plattformen zeigt. Früher oder später werden somit die Tools mitsamt den Accounts gesperrt.

3.8 Snapchat

Snapchat wurde 2011 in den USA gegründet und unterscheidet sich grundlegend in der Funktionsweise der bisherigen Plattformen. Und zwar handelt es sich bei der mobilen Plattform der als reiner Messenger Dienst gestartet ist und immer mehr zu einer vielseitigen Social Media Plattform wird.

Kommunikation und Interaktion

Primär dient Snapchat als ein Messengerdienst, der einen direkten Austausch zwischen Nutzern ermöglicht. Allerdings handelt es sich nicht um ein reines Versenden von Textnachrichten, sondern bekam Snapchat seine Popularität durch den Austausch von Fotos oder Videos die nur für einige Sekunden sichtbar sind und danach nicht mehr abrufbar sind (die sogenannten „Snaps“). Jedoch hat sich heute Snapchat mehr zu einer Social Media Plattform entwickelt. Und zwar war Snapchat die erste Plattform, die die Storyfunktion eingeführt hat. So wurde es Nutzern möglich gemacht, ein Bild oder ein Video in seinem Profil öffentlich für die Abonnenten für 24 Stunden sichtbar zu machen. Mittlerweile existiert auf Snapchat ebenfalls ein Feed, bei dem Nutzern abhängig von ihren Interessen und Präferenzen Beiträge angezeigt werden. Um als Content Creator einen Beitrag in Spotlight zu veröffentlichen, muss der Beitrag nach dem Erstellen an Spotlight gesendet werden. Diese Beiträge können Videobeiträge mit einer maximalen Länge von bis zu 60 Sekunden sein, bei denen du ebenfalls ein Lied im Hintergrund abspielen lassen und eine Vielzahl an Effekten anwenden kannst. Anders als bei TkTok, können diese Beiträge bei Snapchat von anderen

Nutzern nicht kommentiert werden.

Um sich mit anderen Nutzern zu vernetzen, muss ein Nutzer einen anderen Nutzer abonnieren. Danach kann der Nutzer demjenigen Snaps senden und Stories des Nutzers werden in der App bei dem Reiter „Stories“ angezeigt.

Zielgruppe

Tabelle 8: ***Nutzeralter Snapchat*** *(Quelle: Snapchat Anzeigenmanager)*

Altersgruppe	Anteil
13-17 Jahre	22 %
18-20 Jahre	23 %
21-24 Jahre	22 %
25-34 Jahre	18 %
>35 Jahre	15 %

Wie du der Statistik entnehmen kannst, sind vermehrt junge Nutzer (67 % unter 24 Jahre alt) auf Snapchat aktiv. Das spiegelt sich ebenfalls am Content auf der Plattform wider. Und zwar werden vermehrt witzige und unterhaltsame Kurzvideos veröffentlicht, die den Interessen jüngerer Menschen entsprechen.

Popularität

Auf Snapchat gibt es in Deutschland über 15,8 Mio. aktive Nutzer. Nach der Gesamtstatistik belegt Snapchat Platz 6 unter den beliebtesten Plattformen. Ebenfalls ist das Wachstum der Plattformnutzer immer noch von Jahr zu Jahr positiv.

Auslastung

Nur 3% der Unternehmen nutzen Snapchat für ihr Social Media Marketing. Und nur 1% schalten bezahlte Werbeanzeigen auf der Plattform. Der Grund ist offensichtlich: Das junge Alter der Zielgruppe und die begrenzten Möglichkeiten sich Reichweite aufzubauen, ziehen eher wenige Unternehmen an. Allerdings muss das nicht bedeuten, dass Snapchat für dein Angebot oder dein Unternehmen nicht in Frage kommt. Wenn du eine jüngere Zielgruppe erreichen willst, dann kannst du auf Snapchat die geringen Werbekosten aufgrund der geringen Konkurrenz ausnutzen. Allerdings sollte Snapchat auf jeden Fall nicht die einzige Plattform für dich sein, sondern eher eine, die deinen Social Media Auftritt erweitert. Eine jüngere Zielgruppe sprichst du nämlich am besten auf TikTok oder Instagram an, da die Plattformen deutlich beliebter sind und mehr Möglichkeiten für das Marketing anbieten.

Algorithmus

Die primäre Kommunikation von Content-Creatorn erfolgt durch die Stories. Bei Snapchat hast du einen großen Vorteil im Vergleich zu anderen Plattformen: Stories im Story-Feed werden nach keiner Algorithmuslogik, sondern einzig und allein chronologisch sortiert. Das wurde von Snapchat bereits einige Male geändert, allerdings kehrte man immer wieder zur chronologischen Anordnung nach Kritik der Nutzer zurück. Somit hast du als Content-Creator keine möglichen Nachteile durch eine besondere Auslegung des Algorithmus nach Relevanz und Interessen. Natürlich solltest du deinen Content trotzdem so gut wie möglich auf deine Zielgruppe ausrichten, damit

Stories von dir trotzdem angeschaut werden.

Anders verhält es sich mit Beiträgen die du an Spotlight sendest. Hier bist du voll und ganz auf die Auslegung der Relevanz deines Beitrags für einen Nutzer durch den Algorithmus angewiesen. Diese Beiträge werden nämlich auch an Nutzer, die deinen Account nicht abonniert haben, angezeigt, wenn es vom Algorithmus für den jeweiligen Nutzer als relevant erachtet wird. So kannst du vor allem mit einer geringen Reichweite zu Beginn schnell an Reichweite und neuen Abonnenten dazugewinnen. Beim Algorithmus gelten die gleichen Kriterien, die allgemein bei Algorithmen auf Social Media Plattformen gelten. Vor allem bewertet der Algorithmus von Snapchat die Beiträge nach den folgenden Kriterien:

» Betrachtungszeit. Die Beiträge werden in einer Schleife angezeigt. Je länger und öfter sich ein Nutzer den Beitrag anschaut, desto höher schätzt der Algorithmus die Relevanz deines Beitrags ein.

» Likes. Je mehr Likes, desto besser.

» Shares. Je öfter ein Beitrag weiter geteilt wird, desto besser stuft ihn der Algorithmus ein.

» Screenshots. Snapchat trackt nämlich ebenfalls das Erstellen von Screenshots. Das kann mit dem „Merken“ oder „Speichern“ auf anderen Plattformen gleichgesetzt werden.

Um mit deinen Beiträgen eine möglichst große Reichweite zu erreichen, solltest du mit verschiedenen Formaten experimentieren. Nach einiger Zeit solltest du die Ergebnisse auswerten, um so die erfolgversprechendsten Formate beizubehalten.

Was du bei Spotlight-Beiträgen auf jeden Fall beachten solltest, ist, dass Snapchat grundsätzlich Werbebeiträge nicht zulässt. Solche Beiträge werden nach einer Überprüfung blockiert. Wenn du regelmäßig gegen die Regel verstößt, dann ist es nicht auszuschließen, dass Snapchat deinen Account insgesamt sperrt.

Um Snapchat die thematische Einordnung deines Beitrags zu erleichtern, solltest du auf jeden Fall Hashtags in deinem Beitrag platzieren. Beachte die üblichen Keyword- bzw. Hashtag-Empfehlungen aus diesem Buch: Relevanz > Anzahl. Wähle relevante Hashtags mit der höchsten Popularität aus und baue sie in deine Beiträge ein. Zunächst gibt es keine Begrenzung hinsichtlich der Hashtags, allerdings solltest du wie immer kein Keywordstuffing betreiben (weniger ist tatsächlich mehr).

Monetarisierung

Mit der Einführung der Spotlight Beiträge auf Snapchat in 2020 wurde ebenfalls eine Möglichkeit geschaffen, für Ersteller dieser Beiträge eine Vergütung zu erhalten. Allerdings handelt es sich hierbei nicht direkt um die Vergütung der Creator durch Werbung, die zuvor platziert wird. Vielmehr soll die Monetarisierung einen Anreiz schaffen, damit Snapchat an Popularität unter Content Creatorn gewinnt und die Lücke zu anderen Plattformen schließt. Deshalb ist es unter Umständen möglich, dass Snapchat die Vergütung jederzeit wieder ausstellt. Wichtig bei der Vergütung ist ebenfalls, dass nicht jeder Beitrag proportional zu den Views entlohnt wird. Um überhaupt einen Anspruch auf Vergütung zu erhalten, muss dein Beitrag einen gewissen Schwellenwert (250 USD) an einem einzelnen Tag innerhalb der ersten 7 Tage überschreiten. Die exakte

Berechnungsformel zwischen Views und dem Schwellenwert in US-Dollar legt Snapchat nicht offen.

Marketingstrategien

Bevor wir uns den Strategien widmen, solltest du bei deinem Snapchat Account einige Einstellungen ändern. Und zwar solltest du deinen Account auf „öffentlich“ umstellen. Diese Möglichkeit steht dir erst 24 Stunden nach Anmeldung und nur wenn du mindestens einen gegenseitigen Freund (also du hast einen Nutzer geaddet und er dich) hast zur Verfügung. Als „öffentliches“ Profil besteht nämlich die Möglichkeit, dein Profil zu abonnieren, was die Schwelle bei Nutzern, dir zu folgen, deutlich nach unten senkt. Die Vernetzung durch das gegenseitige „Adden“ lassen Nutzer in der Regel nur zu, wenn es sich um einen bekannten Kontakt handelt, mit dem ein Nutzer privat interagieren möchte. Wenn du diesen Schritt getan hast, dann können wir auch schon mit den Strategien loslegen:

Die **Kaltakquise-Strategie** ist auf Snapchat nicht empfehlenswert, da sie nicht leicht durchzuführen ist. Du kannst nämlich weder deine Abonnenten noch Abonnenten von anderen Accounts einsehen. Außerdem ist die Kommunikation via Chat nicht wirklich einfach zu gestalten, da Nachrichten (egal ob Text, Bild oder Video) nach der Vorschau bzw. einer kurzen Zeitspanne gelöscht werden. Aus diesem Grund eignet sich Snapchat nur für die anderen beiden Strategien.

Organisches Content Marketing eignet sich auf Snapchat durch das Erstellen von Stories und von Spotlight Beiträgen. Dabei solltest du Spotlight Beiträge nutzen, um neue Abonnenten und somit zusätzliche Reichweite zu generieren. Stories dienen dazu, bereits bestehende Follower zu erreichen. Selbstverständlich werden deine Stories durch den Algorithmus auch anderen Followern, die dir noch nicht folgen, angezeigt, sodass du mit Stories ebenfalls neue Follower generieren kannst.

Es muss jedoch angemerkt werden, dass Snapchat eine der schwierigsten Plattformen ist, um sich organisch Reichweite aufzubauen. Es lohnt sich viel mehr, Snapchat im Rahmen eines organischen Wachstums als zusätzliche Plattform zu betrachten. Bewirb einfach dein Snapchatprofil auf anderen Plattformen und zeige deinen Followern auf, welchen Mehrwert es für sie bringt, dir auf Snapchat zu folgen. Um sich auf Snapchat mit dir so leicht wie möglich zu vernetzen, solltest du deinen Snapchat QR Code z. B. auf deiner Website platzieren. So ist die Hürde für Nutzer deutlich geringer, sich mit dir auf Snapchat zu verbinden.

Wenn du ein lokales Unternehmen wie z. B. ein Restaurant betreibst, dann könnte für dich ein Eintrag auf der Snap Map interessant werden. Und zwar ähnelt es sehr stark einem Google Maps Eintrag in der Darstellung und dem Funktionsumfang. Zum Beispiel ist es möglich die Zeitauslastung oder Preisspanne anzeigen zu lassen. Außerdem kannst du Trip Advisor Bewertungen einbinden. So verschaffst du dir organisch Sichtbarkeit für dein lokales Unternehmen. Natürlich solltest du im Hinterkopf behalten, dass diese Funktion vor allem jüngere Personen nutzen. Zusätzlich wird Snapchat ab Mitte 2021 eine Möglichkeit anbieten, deinen Eintrag als Ad zu vermarkten.

Wenn man Kosten und Nutzen generell gegenüberstellt, dann sind **bezahlte Werbeanzeigen** die beste Alternative, um Marketing auf Snapchat zu betreiben. Im Rahmen des Performance Marketing können auf Snapchat verschiedene Werbeanzeigen geschaltet werden. Genauso wie bei TikTok gibt es auf Snapchat auch kreative Möglichkeiten, Branding zu betreiben.

Um eine Kampagne zu erstellen, musst du den Snapchat Ad Manager aufrufen. Ich empfehle dir deine Kampagnen stets über Advanced Create zu erstellen. Dort hast du eine größere Auswahl an Optionen und kannst so deine Anzeigen optimal ausrichten.

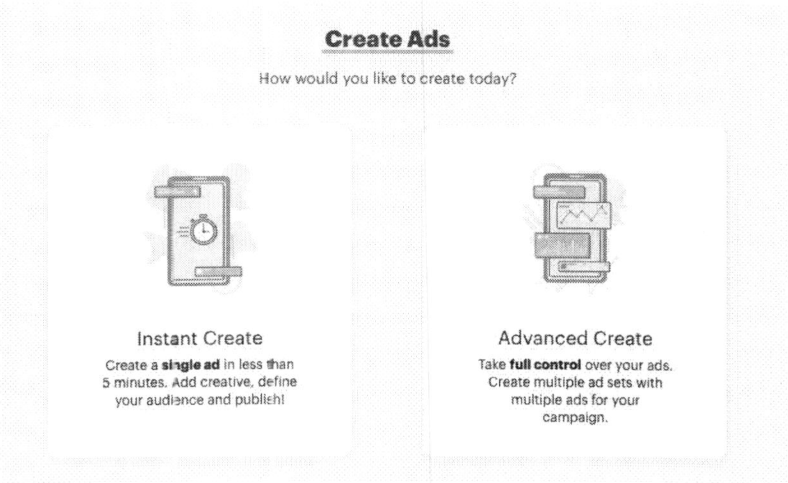

*Abbildung 29: **Instant und Advance Create auf Snapchat***
(Quelle: Snapchat Ad Manager)

Nun solltest du als Nächstes das Ziel deiner Kampagne einstellen. Ähnlich wie bei anderen Social Media Plattformen, hast du hier ebenfalls eine Vielzahl an Möglichkeiten. Je nach dem welches Ziel du auswählst, werden dir unterschiedliche Anzeigenformate zur Verfügung stehen. Wenn du dich für die Conversionoptimierung auf deiner Website entscheidest, dann wirst du von Snapchat aufgefordert, den Snapchat-Pixel auf deiner Website zu installieren. Dieser wird dafür benötigt, damit Snapchat eine Conversion nachverfolgen kann.

Auf der zweiten Seite der Kampagnenerstellung kannst du zwischen Story, Snap und Collection Ads eine passende Anzeigenart für dich wählen.

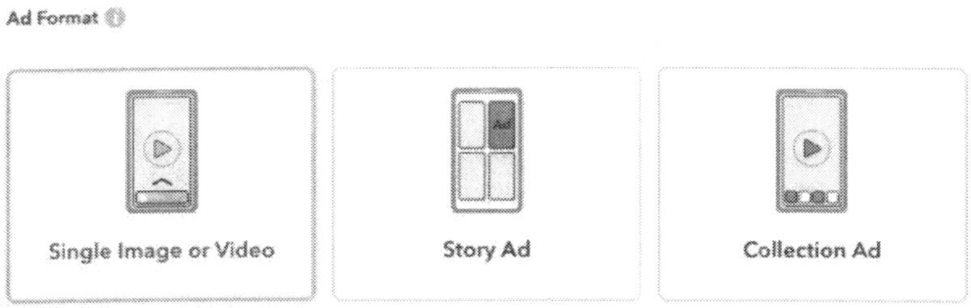

Abbildung 30: ***Snapchat Ads*** *(Quelle: Snapchat Ad Manager)*

Snap Ads werden im Ad Manager als **„Single Image or Video“** bezeichnet. Bei dieser Anzeige kannst du somit ein Bild oder ein Video zwischen einzelnen Snaps oder Stories der Nutzer platzieren. Dadurch erscheint bei der Durchsicht von Snaps zwischendurch eine Anzeige.

Wenn du dich für Awareness (deutsch: Sichtbarkeit) als Optimierungsziel für deine Anzeige entscheidest, dann werden dir bei den Snap Ads 3 verschiedene Varianten zur Verfügung stehen. Bei allen anderen steht dir automatisch die erste Variante (einfache Snap Anzeige) zur Auswahl.

Bei einer **einfachen Snap Anzeige** dauert die Anzeige zwischen 3 bis zu 180 Sekunden und kann jederzeit durch einen Klick vom Nutzer übersprungen werden. Somit läufst du nicht Gefahr, dass deine Anzeige als nervige Werbung wahrgenommen wird. Allerdings sollte dir auch klar sein, dass du zum einen deine Zielgruppe sorgfältig aussuchen und zum anderen um jeden Preis versuchsen musst, die Aufmerksamkeit des Nutzers so kreativ, einzigartig und unerwartet wie möglich auf dich zu lenken und in wenigen Sekunden dem Nutzer, die Vorteile für ihn durch dein Angebot deutlich zu machen.

Bei einer **Commercial Anzeige** beträgt die Dauer 6 Sekunden und es besteht keine Möglichkeit, die Anzeige zu überspringen. Hier sollte dir bewusst sein, dass das einige Nutzer unter Umständen als sehr nervig wahrnehmen können oder dass Nutzer zwischendrin aus der App rausgehen. Das zweite Szenario führt dazu, dass die Anzeige automatisch durch Snapchat weniger oft ausgestrahlt wird, da das Bestreben von Snapchat darin besteht, die Nutzer so lange wie möglich auf der Plattform zu halten. Allgemein bieten sich solche kurzen Anzeigen eher für ein Follow-Up oder im Rahmen einer Branding Kampagne an.

Die dritte Variante ist die **Extended Play Commercial Anzeige**. Hier ist die Länge deiner Anzeige auf 180 Sekunden begrenzt. Sie kann aber von einem Nutzer erst nach 6 Sekunden übersprungen werden. Das stellt die ideale Anzeige im Rahmen des Performance Marketing dar.

Damit ein Nutzer bei der Snap Ad zur weiterführenden Website gelangt, muss er nach oben swipen. Das solltest du bei der Nennung des CTAs auf jeden Fall berücksichtigen.

Bei der **Story Ad** platzierst du deine Werbeanzeige zwischen einzelnen Stories im Storyfeed. Hierbei solltest du deinen Fokus auf die Gestaltung eines interessanten Thumbnails legen, da dieses dafür ausschlaggebend ist, ob deine Anzeige angeklickt wird. Nach dem Anklicken wird dem Nutzer deine Anzeige angezeigt.

Die **Collection Ad** ist der Snap Ad gleichzusetzen, nur dass du bei dieser direkt deine Produkte (mit einem Link zum Onlineshop) platzieren kannst. Alles andere bleibt identisch zur Snap Ad.

Ideal für dein Branding stehen dir auf Snapchat weitere Möglichkeiten zur Verfügung. Ähnlich zu TikTok kannst du bei der Erstellung von Snaps Nutzern entweder eine AR-Linse oder einen Filter mit deinem Branding zur Verfügung stellen. Diese beiden Möglichkeiten findest du, wenn du als Ziel „Awareness“ (Sichtbarkeit) auswählst.

Abbildung 31: ***Branding auf Snapchat*** *(Quelle: Snapchat Ad Manager)*

Hilfreiche Tools

Videoerstellung für bezahlte Werbeanzeigen

» Mit **Snap Publisher** kannst du Videos für deine bezahlten Werbeanzeigen erstellen, um diese so ähnlich wie möglich zu organischen Beiträgen zu gestalten. Allerdings hast du im Snap Publisher eine zeitliche Begrenzung von 30 Sekunden für die Aufnahme deiner Videos. Wenn du ein längeres Video (maximal 180 Sekunden) bei deiner Werbeanzeige ausspielen willst, dann solltest du dein Video extern aufnehmen und es dann in die Creative Library von Snapchat für die Bearbeitung hochladen.

Tools für Stories

- **Storyheap** bietet dir zum einen individuelle Templates für deine Stories an. So stichst du aus der Masse hervor. Zum anderen hast du so einen einfacheren Überblick über die wichtigsten Kennzahlen und kannst deine Stories nach ihrer Wirksamkeit analysieren.
- Mit **Fastory** kannst du deine Stories noch kreativer gestalten, um so deiner Konkurrenz einen Schritt voraus zu sein.

3.9 Pinterest

Bei Pinterest handelt es sich um eine Social Media Plattform für den Austausch von Bildern oder Kurzvideos. Gegründet wurde die Plattform 2010 in den USA und zählt zu einer weit verbreiteten Plattform weltweit.

Kommunikation und Interaktion

Pinterest ist bezüglich der Grundfunktion am ähnlichsten zu Instagram. Und zwar geht es auf beiden Plattformen im Prinzip darum, Bilder oder Videos in seinem Profil zu teilen. Pinterest erlaubt es dir, Videos mit einer Länge zwischen 4 Sekunden und 15 Minuten hochzuladen. Aus der Praxis empfehle ich dir, dich eher auf Kurzvideos zu fokussieren, da Nutzer auf der Plattform anders als auf YouTube kurze Videos bevorzugen. Instagram hat sich in den Jahren allerdings immer weiter in Bezug auf neue Funktionen entwickelt, wobei Pinterest der Grundausrichtung treu geblieben ist. Somit wirst du auf Pinterest nicht so viele Funktionen wie auf Instagram finden. Bei den Beiträgen solltest du anders als bei Instagram nicht auf ein quadratisches Format, sondern das Format am besten auf 2:3 setzen.

Wenn du als Creator einen Beitrag erstellst bzw. pinnst, dann ist dieser zum einen bei dir in deinem Profil sichtbar. Auf der anderen Seite wird dein Beitrag auf der Startseite (= “Feed“) von Pinterest Nutzern angezeigt. Hier werden einem Nutzer für ihn relevante Beiträge angezeigt. Darüber hinaus kann ein Nutzer proaktiv nach Beiträgen zu einem gewissen Thema in der Suchleiste suchen.

Nutzer können anderen Nutzern folgen, damit diese die Beiträge des Creators mitverfolgen können. Mit den Beiträgen kann ein Nutzer auf bereits übliche Art und Weise interagieren: Liken, kommentieren, teilen oder merken (repinnen). Beim Merken bzw. Repinnen taucht der Beitrag ebenfalls im Profil des Nutzers auf, sodass andere Nutzer es auch sehen können. Außerdem erlaubt Pinterest, den Nutzern die gespeicherten Beiträge thematisch in ihrem Board zu ordnen. So können sich Nutzer später leichter die relevanten Beiträge heraussuchen. Das bietet zum Beispiel einen enormen Vorteil bei Rezepten.

Ebenfalls besteht die Möglichkeit, dass Nutzer sich gegenseitig private Textnachrichten per integriertem Messenger versenden. Dabei ist es nicht unbedingt notwendig, dass sich Nutzer gegenseitig folgen.

Zielgruppe

Tabelle 9: ***Nutzeralter auf Pinterest*** *(Quelle: Pinterest Anzeigenmanager)*

Altersgruppe	Anteil
18-24 Jahre	32%
25-34 Jahre	26%
35-44 Jahre	17%
45-54 Jahre	13%
55-64 Jahre	8%
>64 Jahre	4%

Wie du siehst sind auf Pinterest nicht nur junge Nutzer aktiv. 68% Prozent der Nutzer sind nämlich älter als 24 Jahre. Eine

Besonderheit stellt das Geschlecht der Nutzer bei Pinterest dar. Die Mehrheit der Nutzer (70%) sind weiblich. 24% der Nutzer sind männlich und 6% der Nutzer haben keine Angabe zu ihrem Geschlecht gemacht. Somit eignet sich Pinterest für dein Marketing, wenn du vor allem eine weibliche Zielgruppe ansprechen möchtest. Interessant ist hierbei ebenfalls der Fakt, dass 30% der Nutzer Mütter sind. Somit kannst du neben Produkten für Frauen auch Produkte für Babys und Kinder bestens auf Pinterest vermarkten.

Bei der Nutzung zwischen der mobilen Version von Pinterest auf dem Smartphone und der stationären Nutzung auf dem PC bzw. Laptop siegt ganz klar die mobile Nutzung mit 74 %. Wobei hier wie bei allen anderen Plattformen angemerkt werden muss, dass es sich höchst wahrscheinlich bei den 74 % um private Nutzer und bei den 26 % um geschäftliche Nutzer bzw. Creator handelt.

Popularität

Laut dem Pinterest-Anzeigenmanager nutzen in Deutschland 15 Mio. Menschen Pinterest jeden Monat. In Österreich und Schweiz werden jeweils 1 Mio. monatlich aktiver Nutzer angegeben. Auch wenn dir Pinterest bisher noch nicht bekannt war, solltest du die Plattform ab jetzt auf jeden Fall berücksichtigen, wenn die Nutzer deiner Zielgruppe entsprechen. Vor allem spricht für die recht hohe Popularität von Pinterest, dass ca. 4 Mio. Inhalte von Nutzern aus Deutschland täglich repinnt (gemerkt/gespeichert) werden. Somit handelt es sich keinesfalls um eine Plattform mit einer geringen Interaktionsrate.

Im Vergleich zu anderen Plattformen muss sich Pinterest auf dem 7.ten Platz einordnen. Zwar gehört Pinterest nicht zur populärsten

Plattform, allerdings macht die Einbeziehung der Plattform für das Marketing absolut Sinn – natürlich, wenn die Zielgruppe stimmt. Die geringere Popularität zu anderen Plattformen spiegelt sich in dem geringeren Funktionsumfang für Nutzer im Vergleich zu Plattformen wie Facebook oder Instagram wider.

Auslastung

Bei Unternehmen ist Pinterest mit einer 25 %-tigen Nutzung weltweit auf dem 6. Platz. Bei bezahlten Werbeanzeigen ist Pinterest mit 4 % auf dem vorletzten Platz. Somit wird deutlich, dass Pinterest unternehmensseitig noch nicht überlastet ist. Das kann für dich auf jeden Fall eine Chance bieten, sich abseits der Mainstreamplattformen zu etablieren. Ebenfalls ist die Vermarktung auf Pinterest empfehlenswert, wenn dein Budget für bezahlte Werbeanzeige limitiert ist. Die geringe Auslastung führt nämlich zwangsläufig dazu, dass die Gebotspreise bei bezahlten Werbeanzeigen tendenziell niedriger sind.

Algorithmus

Pinterest wird von Nutzern sehr stark als Suchmaschine genutzt. Das heißt, das Prinzip kann mit YouTube verglichen werden, nur dass eben Pinterest Bilder oder Kurzvideos beinhaltet. So nutzen Nutzer die Suchleiste entweder, um nach einem Hashtag oder um nach einem gewissen Begriff zu suchen. Aus diesem Grund spielt die SEO-Optimierung deiner Beiträge eine entscheidende Rolle.

Auf der anderen Seite werden Nutzern auch automatisch Beiträge auf der Startseite angezeigt. Hierbei wird wie bei anderen

Plattformen die Relevanz deiner Beiträge für Nutzer automatisch durch den Algorithmus bewertet und mit den Interessen der Nutzer abgeglichen. Wie bei anderen Plattformen spielen die Anzahl der Likes, der Kommentare und Repins eine wichtige Rolle für die Bewertung der Relevanz deiner Beiträge.

Doch wie erkennt Pinterest, worum es sich bei einem Beitrag handelt? Neben dem Input, den du bei der Bildbeschreibung hinterlegen kannst, arbeitet Pinterest ebenfalls mit einer Bild- und Videoerkennungssoftware. So werden Objekte und Gegenstände erkannt und ausgewertet.

Wenn du einen Websitenblog betreibst, dann kannst du die Pins auf deiner Website einbauen. Externer Traffic wird immer als ein sehr gewichtiger Punkt bei der Einstufung der Relevanz des Beitrags gewertet.

Um den Erfolg deiner Beiträge besser auszuwerten, empfiehlt es sich auf Pinterest, wie auch auf anderen Plattformen, auf einen Business-Account umzusteigen. So werden dir alle relevanten organischen Kennzahlen angezeigt und es ermöglicht dir, Werbung für deine Beiträge zu schalten.

Monetarisierung

Auf Pinterest besteht keine Möglichkeit, direkt von der Plattform für das Erstellen der Beiträge vergütet zu werden.

Marketingstrategie

Auf Pinterest lassen sich alle drei Strategien verwirklichen. Lass uns kurz auf alle drei Möglichkeiten schauen.

Es steht dir nichts im Wege, **Kaltakquise** zu betreiben. Und zwar kannst du zum einen deine Follower einsehen und sie direkt per Nachricht kontaktieren. Zum anderen kannst du Follower von anderen Accounts einsehen und so zielgruppenrelevante Nutzer per Nachricht kontaktieren. Dabei gibt es (noch) keinen Spamordner auf der Plattform, sodass alle Nachrichten in einem Ordner landen. So ist die Wahrscheinlichkeit sehr hoch, dass die Antwortrate auf deine Nachrichten im Vergleich zu anderen Plattformen höher ausfallen wird.

Dein primärer Fokus sollte allerdings auf dem **organischen Content Marketing** liegen. Dieses kannst du problemlos mit deinen Beiträgen auf Instagram verknüpfen, sodass du zwei Fliegen mit einer Klatsche treffen kannst. Achte auf eine passende Keywordauswahl und auf einzigartigen Content. Versuche, dich von deiner Konkurrenz anhand der Punkte aus den ersten Kapiteln dieses Buches abzuheben. Vergiss natürlich nicht mit deiner Community so viel wie möglich zu interagieren.

Wenn du deine Pins auf deiner Website einbindest, dann macht es Sinn, diese über eine aktive Verbindung mit Pinterest zu verknüpfen. So aktualisiert sich der Pin automatisch auf Pinterest und deiner Website, wenn du Änderungen vornimmst. In Fachjargon von Pinterest spricht man bei diesen Pins von „Rich Pins". Das eignet sich z. B. wenn du einen Artikel aus deinem Onlineshop auf Pinterest einbinden willst. Sobald du den Preis in deinem Online-Shop änderst, wird sich dementsprechend der Preis auch auf Pinterest ändern. Wie du das Ganze beantragst und auf deine Website einbindest, findest du auf der offiziellen Seite von Pinterest:

» https://help.pinterest.com/de/business/article/rich-pins

Seit neustem steht auf Pinterest bereits die Möglichkeit zur Verfügung, einen „Blogartikel" als Pin zu veröffentlichen. Dabei spricht man von „Idea Pins". Wenn du also z. B. eine Anleitung oder ein Rezept veröffentlichen möchtest, dann kannst du bis zu 20 Bilder oder Videos nacheinander mit Text, Voice-Over und weiteren Möglichkeiten in einem Art „Blogbeitrag" veröffentlichen. So brauchst du nicht noch zusätzlich eine Website zu betreiben. Wenn du also nach einer einfachen Möglichkeit suchst, um mehr Reichweite zu generieren, dann solltest du jetzt unbedingt diese Funktion ausgiebig nutzen, da Pinterest diesen Beiträgen am Anfang besondere Reichweite schenken wird. Um einen Idea Pin zu erstellen, musst du ein Unternehmenskonto nutzen.

Außerdem solltest du unbedingt Story Pins auf Pinterest für dich nutzen. Dabei handelt es sich um ein ähnliches Format wie bei den Stories von Instagram, Facebook oder YouTube. Allerdings gibt es auch einige einzigartige Unterschiede. Und zwar verschwinden Stories nicht nach 24 h, sondern können in deinem Board verankert werden. Auf Instagram gibt es diese Funktion auch, aber nicht auf Facebook oder YouTube. Komplett einzigartig ist die Funktion, dass bei einer Suche für Nutzer neben gewöhnlichen Pins auch unter anderem Story Pins angezeigt werden.

Zusätzlich zum Content Marketing macht es absolut Sinn, **bezahlte Werbeanzeigen** zu deinem Marketingmix hinzuzufügen. Um Werbeanzeigen zu schalten, musst du erst einmal deinen Account auf

Business umstellen. Danach wirst du Zugriff auf den Ad Manager haben. Dort kannst du bestehende oder zusätzliche Beiträge auf der Plattform bewerben.

Als Ziele stehen dir die übergeordneten Kategorien „Awareness steigern“, „Markenpräferenz bilden“ und „Conversions steigern“ zur Verfügung.

Bei „Awareness steigern“ geht es darum, generell Sichtbarkeit für dich, dein Unternehmen, deine Marke oder dein Angebot zu erlangen. Bei Markenpräferenz geht es darum, Leads auf eine weiterführende Seite zu erhalten. Die letzte Möglichkeit besteht darin, eine konkrete Handlung zu erzielen. Zum Beispiel einen Kauf in deinem Onlineshop.

Wenn du Conversions steigern als Ziel aussuchst, dann solltest du auf jeden Fall den Pinterest-Pixel bzw. Tag auf deiner Landingpage bzw. Website installieren. Erst mit dem Pixel kann Pinterest die Conversion tracken.

Nachdem du das Ziel ausgewählt hast, stehen dir die üblichen Punkte bei den Anzeigen zur Verfügung. Du kannst deine Zielgruppe, dein Budget, CPCs usw. aussuchen.

Bei den Anzeigenformaten kannst du zwischen einfachen Foto-Pins, Video-Pins, App-Pins, Carousel-Pins und Shopping-Pins wählen.

Bei einfachen Foto-Pins handelt es sich um gewöhnliche Fotobeiträge, die in dem Feed als Anzeige beworben werden.

Bei Video-Pins bewirbst du ein Kurzvideo als Anzeige im Feed der Nutzer.

App-Pins gleichen den beiden zuvor genannten – nur, dass eben eine App als Pin beworben wird.

Bei Carousel-Pins handelt es sich um mehrere Bilder (max. 5) in einem Beitrag, die gleichzeitig im Feed der Nutzer beworben werden. So kannst du mehr Informationen in Form einer Geschichte an einen Nutzer transportieren.

Die letzte Möglichkeit stellen Shopping-Pins dar. Wenn du konkrete Produkte aus deinem Online-Shop bewerben willst, dann solltest du diese Variante als Anzeige wählen.

Hilfreiche Tools

Bildbearbeitungstool

» Zur Bilderstellung und -bearbeitung kannst du das Onlinetool **Canva** nutzen. Hier stehen dir zahlreiche kostenlose Templates zur Verfügung.

» Als Alternative kannst du **Easil** nutzen. Dort kannst du ebenfalls auf verschiedene kostenlose Templates zugreifen.

Website/Blog

» Wenn du einen Blog auf deiner Website betreibst und deine Pinterestgrafiken zu Richpins einbinden möchtest, kannst du das mit dem Tool **Yoast SEO** am einfachsten tun.

3.10 Twitter

Bei Twitter handelt es sich um eine Social Media Plattform zum öffentlichen Austausch von Kurznachrichten, die von Unternehmen oder öffentlichen Personen für die Bekanntgabe von Nachrichten, Stellungnahmen oder Werbebotschaften genutzt werden. Gegründet wurde die Plattform 2006 in den USA und spätestens seitdem Ex-Präsident Donald Trump die Plattform für politische Stellungnahmen nutzte, sollte die Plattform weltweite Bekanntheit erhalten haben.

Kommunikation und Interkation

Die primäre Kommunikation auf Twitter findet durch das Veröffentlichen von Textbeiträgen statt, die ebenfalls Bilder oder Videos enthalten können. Diese Beiträge nennt man auf Twitter „Tweets".

Mit Tweets können Twitternutzer auf verschiedene Arten interagieren. Im Großen und Ganzen gleichen die Möglichkeiten der Interaktion mit anderen Plattformen. Neben Likes und Kommentaren ist die Funktion des „Retweeten" eine sehr beliebte Interaktion von Nutzern mit Tweets. Beim Retweeten werden Beiträge von Nutzern in ihrem Profil geteilt.

Auf Twitter können ebenfalls Direktnachrichten versendet werden. Allerdings ist die Gesamtanzahl der Nachrichten pro Tag auf 1.000 Nachrichten begrenzt und jeder Nutzer kann in den Einstellungen auswählen, ob und unter welchen Bedingungen ihm Nachrichten gesendet werden können.

Zielgruppe

Tabelle 10: ***Nutzeralter Twitter*** *(Quelle: Oberlo.de)*

Altersgruppe	Anteil
<35 Jahre	37%
>35 Jahre	63%

Auf Twitter ist die Mehrzahl der Nutzer über 35 Jahre alt. Der Grund hierfür ist, dass Twitter bezüglich der Funktionalität sehr simpel gehalten ist und somit weniger der Unterhaltung dient.

Ebenfalls wichtig anzumerken ist, dass ca. 70 % der Nutzer männlich sind.

Popularität

In Deutschland wies Twitter in 2021 ca. 5 Mio. Nutzer aus. Davon nutzen ca. 30 % der Nutzer Twitter täglich. Bei der Popularität liegt Twitter unter den Social Media Plattformen auf Platz 6. Ebenfalls steigen die Nutzerzahlen von Jahr zu Jahr auf Twitter stetig an.

Auslastung

Bei den Unternehmen liegt Twitter mit YouTube auf dem 4. Platz. 53 % der Unternehmen gaben an, Twitter zu nutzen. Insgesamt wird die Plattform vor allem von Unternehmen oder öffentlichen Personen genutzt, um Interessenten, Anhänger und Kunden über Neuigkeiten zu informieren. Weniger wird die Plattform für den privaten Austausch zwischen Nutzern genutzt.

Bei der Nutzung von Werbeanzeigen unter den befragten Unternehmen liegt Twitter allerdings auf dem 7.ten Platz. Somit ist die Auslastung in Bezug auf die Anzahl der Unternehmen, die Twitter insgesamt nutzen, im Vergleich zu anderen Plattformen deutlich geringer.

Algorithmus

Wie bei anderen Social Media Plattformen, sortiert Twitter ebenfalls die Beiträge mithilfe des Algorithmus nach der Relevanz für Nutzer und zeigt diese im Feed an. Dabei werden Tweets von abonnierten Profilen, Retweets von abonnierten Profilen und Tweets von unbekannten Profilen angezeigt. Präferiert werden vom Algorithmus allerdings die ersten beiden Arten von Beiträgen. Aus diesem Grund ist es essentiell, dass du möglichst viele Abonnenten mit deinem Profil gewinnst, damit deine Tweets eine möglichst hohe Reichweite erhalten.

Damit Beiträge vom Algorithmus besser interpretiert werden können, ist das Nutzen von Hashtags auf Twitter von hoher Wichtigkeit. Hier gelten dieselben Grundsätze, die bereits mehrfach in Bezug auf Keywords und Hashtags angesprochen wurden. Auf jeden Fall lohnt es sich, nach Hashtags Ausschau zu halten, die momentan im Trend sind. Diese werden nämlich Nutzern auf der rechten Seite des Feeds vorgeschlagen. Im Idealfall positionierst du dich bei einem Hashtag, bevor es viral geht. So kannst du nämlich sicher gehen, dass deine Beiträge weit oben bei diesem Hashtag angezeigt werden.

Monetarisierung

Auf Twitter gibt es keine Möglichkeit, für das Erstellen von Beiträgen eine Vergütung von der Plattform zu erhalten.

Marketingstrategie

Wenn du **Kaltakquise** auf Twitter betreiben möchtest, dann bietet es sich vor allem im B2B-Bereich aufgrund der hohen Nutzung von Twitter durch geschäftliche Nutzer an. Hierbei solltest du aber auf dem Schirm haben, dass viele Nutzer die Möglichkeit, ihnen Nachrichten zu senden, ausgeschaltet haben. Die Suche nach relevanten Nutzern gestaltet sich leicht, denn es ist möglich, sowohl eigene als auch die Abonnenten anderer Profile einzusehen.

Im Rahmen der **organischen Content Marketings Strategie** solltest du auf eine Nutzung von Hashtags achten und nach Möglichkeit auf externen Plattformen auf dein Twitterprofil aufmerksam machen. Hierbei solltest du natürlich den Nutzern explizit die Vorteile aufzeigen, dir auf Twitter zu folgen. Generell kannst du Twitter dafür nutzen, um die neusten Details zu Angeboten oder deinem Unternehmen zu veröffentlichen. Somit unterscheidet sich Twitter in der Hinsicht etwas von den anderen Plattformen in Bezug auf das Content Marketing. Nutzer auf Twitter wollen eher über Neuigkeiten usw. informiert werden und nicht wie auf anderen Plattformen nur unterhalten werden.

Auf Twitter empfiehlt es sich ebenfalls, **bezahlte Werbeanzeigen** zu schalten. Vor allem aus der Hinsicht, dass die Plattform noch nicht in Bezug auf die Anzahl der Werbetreibenden überfüllt ist, trotz der kaufkräftigen Zielgruppe und der Vielzahl an potentiellen B2B

Kunden.

Als Marketingziele bei deinen Kampagnen kannst du Steigerung deiner Reichweite (Erhöhung deiner Abonnentenzahl), Leads oder Conversions auf deiner Website oder Landingpage, Appdownloads oder Markenbekanntheit auswählen.

Bei den Anzeigen stehen drei verschiedene Formate zur Verfügung: Promoted Ads, Follower Ads und Trend-Takeover.

Bei Promoted Ads handelt es sich um Tweets, die als Anzeige im Feed von Nutzern erscheinen.

Bei Follower Ads wird dein Profil Nutzern z. B. im Bereich „Wem folgen" angezeigt.

Diese beiden Anzeigen können selbstständig über den Anzeigenmanager aufgesetzt werden.

Bei Trend Takeover handelt es sich um umfassendere Marketingkampagnen die in dem Abschnitt „Trend für dich" ausgespielt werden. Die normalen Trend Takeovers bestehen aus einem Hashtag, Beschreibung und einem Beitrag. Zusätzlich kannst du bei Trend Takeovers+ 6-sekündige Kurzvideos integrieren. Dieser Kampagnentyp eignet sich vor allem für größere Unternehmen, die ein größeres Budget zur Verfügung haben. Zum Beispiel kannst du so bei Produkteinführungen eine größtmögliche Reichweite für dein Angebot kreieren.

Hilfreiche Tools

Für die Kaltakquise

» Wenn du für deinen Themenbereich relevante Nutzer ausfindig machen willst, dann kannst du dafür das Tool „**Twitaholic**“ nutzen.

Für das Content Marketing

» Um Interessen deiner Abonnenten besser kennenzulernen, kannst du das Tool „**Nuzzel**“ nutzen.

» Um Trends und aktuelle Themen zu erkennen, solltest du auf „**Topsy**“ oder „**The Latest**“ zurückgreifen.

» Für die Auswahl der Hashtags solltest du Tools wie „**Rite-Tag**“ oder „**Hashtagify**“ nutzen.

3.11 Vergleich aller Social Media Plattformen

	Facebook	Instagram	YouTube	LinkedIn	Xing	TikTok	Snapchat
Kommunikation	Beiträge, Stories, Chat	Bilder, Videos, Stories, Reels, Blog, Chat	Videos, Beiträge, Stories	Beiträge, Chat	Beiträge	Kurzvideos, Chat	Snaps, Stories, Kurzvideos
Zielgruppe	Mittleres Alter (20-49 Jahre)	(12-34 J)	(25-54 J) eher männlich	Berufstätige und Akademiker (25-34 J)	Berufstätige und Akademiker im DACH-Raum	(unter 24 J)	(unter 24 J)
Popularität	Platz 1	Platz 2	Platz 4	Platz 8	Platz 9	Platz 3	Platz 6
Auslastung	Platz 1 (organisch 94%, Ads 70%)	Platz 2 (organisch 76%, Ads 41 %)	Platz 5 (organisch 53 %), Platz 4 (Ads 14 %)	Platz 3 (organisch 59 %), Platz 3 (Ads 15 %)	/	Platz 8 (organisch 5 %)	Platz 7 (organisch 5 %), Platz 7 (Ads 1 %)
Monetarisierung	Nein	Nein	Ja	nein	nein	nein	Ja (vorübergehend)
Strategie	Kaltakquise (+), Content Marketing (o). Ads (+)	Kaltakquise (+). Content Marketing (+), Ads (+)	Kaltakquise (-), Content Marketing (+), Ads (+)	Kaltakquise (+), Content Marketing (+), Ads (+)	Kaltakquise (o), Content Marketing (-), Ads (o)	Kaltakquise (-), Content Marketing (+), Ads (+)	Kaltakquise (-), Content Marketing (o), Ads (+)

	Pinterest	Twitter
Kommunikation	Bilder und Videos, Chat	Text- und Bildbeiträge, Chat
Zielgruppe	(18-34 J), weibliche Nutzer (Mütter)	(über 35 J)
Popularität	Platz 7	Platz 5
Auslastung	Platz 6 (organisch 25 %), Platz 6 (Ads 4 %)	Platz 4 (organisch 53 %), Platz 6 (Ads 4 %)
Monetarisierung	nein	nein
Strategie	Kaltakquise (o), Content Marketing (+), Ads (+)	Kaltakquise (o), Content Marketing (o), Ads (o)

Buchempfehlungen

Instagram Marketing

(Amazon-Bestseller)

Social Media & Online Marketing Guide

Inkl: 15 Insider-Tipps

ISBN: 979-8642559932

https://bit.ly/instagrammarke-
ting_am

Facebook Marketing

(Amazon-Bestseller)

Social Media & Online Marketing Anleitung

Inkl: Facebook-Ads Schablonen

ISBN: 979-8551760160

https://bit.ly/facebookmarke-
ting_am

Schlusswort

Glückwunsch! Nun hast du nicht nur erfolgreich das Buch bis zum Ende gelesen, sondern auch sehr viele praktische Tipps und hilfreiche Anleitungen für die Praxis mitnehmen können. Nun hängt dein Erfolg auf Social Media nur noch von einer Sache ab: Der Umsetzung der Inhalte aus dem Buch. Dazu möchte ich dich gerne ermutigen!

Wenn du noch zu Beginn deiner unternehmerischen Tätigkeit stehst, dann konzentriere dich zunächst vor allem auf die Grundlagen des Marketings und fang mit kostenlosen und organischen Methoden an, deine Reichweite auszubauen und erste Kunden zu gewinnen. Wenn du bereits ein funktionierendes Konzept auf dem Markt etabliert hast, dann zögere nicht, deine Umsätze durch bezahlte Werbeanzeigen zu skalieren.

Auf jeden Fall empfehle ich dir, mit der Umsetzung nicht zu zögern und das Buch als Hilfsmittel für deinen Erfolg auf Social Media zu nutzen.

Ich danke dir erneut für dein Vertrauen und wünsche dir viele neue Kunden und höhere Umsätze!

Anton Marquardt

P.S.: Wenn dir das Buch gefallen hat, dann würde ich dich gerne um einen Gefallen bitten: Es hilft mir und anderen Lesern enorm, wenn du eine kurze positive Rezension auf Amazon hinterlassen könntest. Wenn du Anmerkungen für mich hast, dann freue ich mich über dein Feedback per E-Mail an team@aesverlag.de. Ich bin nämlich immer danach bestrebt, die Inhalte meiner Bücher laufend zu verbessern! Ich danke dir vorab!

Printed in Germany
by Amazon Distribution
GmbH, Leipzig

25295880R00127